Le Dictionnaire des idées reçues

통상 관념 사전

Le Dictionnaire des idées reçues

통상 관념 사전

귀스타브 플로베르

진인혜 옮김

일러두기

1. 이 책은 귀스타브 플로베르Gustave Flaubert의 《부바르와 페퀴셰*Bouvard et Pécuchet*》(Paris : Gallimard, 1981)에 실린 "Le Dictionnaire des idées reçues"를 옮긴 것이다.
2. 사전의 형식을 취한 작품으로, 원문은 알파벳순으로 배열되어 있으나 이 책에서는 가나다순으로 재배열했다.
3. 주는 독자의 이해를 돕기 위해 옮긴이가 붙인 것이다.
4. 맞춤법과 외래어 표기는 1989년 3월 1일부터 시행된 〈한글 맞춤법 규정〉과 《문교부 편수자료》, 《표준국어대사전》(국립국어연구원, 1999)에 따랐다.

민중의 목소리, 신의 목소리.

민족의 지혜.

모든 대중적인 관념이나 일반적으로

인정된 관습이 어리석다는 것은

틀림없는 사실이다. 그것은 대다수의

사람들에게 적합한 것이었기 때문이다.

샹포르,[1] 《잠언집》

〔ㄱ〕

가난한 사람 그들을 돌보는 것은 모든 덕행을 대신하는 일이다.

가면 재치를 부여한다.

가설	종종 '위험하고', 언제나 '과감하다'.
가수	가수들은 목소리를 맑게 하기 위해 아침마다 신선한 계란을 하나씩 먹는다.
	테너는 항상 '매력적'이고 '부드러운' 목소리를 지녔고, 바리톤은 '공감적이고' '잘 울리는' 목소리를 지녔으며, 베이스는 '힘찬' 발성을 한다.
가재	가재는 뒤로 걷는다.
	반동파들을 '가재'라고 부를 것.
가죽	모든 가죽은 러시아에서 나온다.
가톨릭	예술에 미친 호의적인 영향.
	부당한 증언을 한다.
간결한 표현	사람들이 더 이상 말하지 않는 언어.
간계	목표에 이르는 유일한 방법.
	모든 것을 가능하게 한다.
간석지	아드리아 해의 도시.
간첩	언제나 상류 사회에 속한다.
갈색 머리 여자	
	금발 여자보다 더 정열적이다('금발 여자'를 볼 것).
감동	첫 무대와 언제나 불가분〔원문 그대로〕.
감사	표현될 필요가 없다.
갓댐Goddam	
	'보마르셰가 말했듯이' 영어의 근본이 되는 것이

다. 그 점에 대해 사람들은 연민으로 비웃는다.

갓 세이브 더 킹God save the King

베랑제[2)]에게서는 '갓 사베 데 킹' 이라고 발음되어 '프레제르베' 라는 단어와 운율을 맞춘다.[3)]

강낭콩

(카사노바가 한 말을 인용할 것).

제비콩.

강철 활

기욤 텔[4)]의 이야기를 하기에 아주 좋은 기회.

강한

'터키 사람처럼.'

'황소처럼.'

'말처럼.'

'헤라클레스처럼.'

그 남자는 틀림없이 강하다. 그는 체력이 아주 좋으니까.

개

주인의 생명을 구하기 위해 특별히 만들어졌음.

개들이 공수병에 걸리는 것을 막으려면 개들이 마시는 물에 유황을 넣을 것.

젖이 나오게 하기 위해 암캐에게 걸어주는 병마개 목걸이.

이상적인 '인간의 친구'.

개구리

두꺼비의 암컷.

"자기의 두꺼비를 발견하지 못하는 개구리는 없다."

개미

낭비하는 사람에게 인용할 좋은 예.

개미로 인해 저축 은행이 구상되었다.

개혁　　　　언제나 위험하다.

개회식　　　기쁨의 주제.

거세된 사람　절대로 아이가 없다.

시스티나 성당의 거세된 가수들에 대해 격노할 것.

건강　　　　지나치게 건강한 것은 질병의 원인.

건달　　　　언제나 '파리의' 라는 말이 앞에 붙는다.

파리의 건달은 굉장히 기지가 있다.

아내의 입에서 "난 기분이 좋을 때는 건달 짓을 하고 싶어요"라는 말이 나오게 해서는 절대 안 된다.

건립　　　　기념물에 대해서 이야기할 때만 사용할 것.[5]

"오벨리스크 건립."

"헤라클레스 파르네즈 동상의 건립이 어제 튈르리에서 행해졌다 : 많은 부인들이 참석했다" (관보).

건축가　　　모두 바보들. 언제나 집의 계단을 잊어버린다.

건축술　　　건축술에는 네 종류밖에 없다. 물론 이집트식, 키클로페스식, 아시리아식, 인도식, 중국식, 고딕식, 로마식 등을 계산에 넣지 않고.

걸어총　　　국민병에게는 극도로 어려운 일이다.

걸프 스트림|Gulf-Stream

	새로 발견된 노르웨이의 도시.
검	프랑스 사람들은 검에 의해 지배받는 것을 좋아한다.
검열	유익한 것! 말할 필요도 없다.
검은	항상 '칠흑같이'라는 말이 따라다닌다. '어치'[6]처럼, '흑옥'에 대하여.
게릴라	정규 군대보다 적에게 해를 더 많이 입힌다.
게으름	더운 나라의 결과.
겨울	언제나 이례적이다('여름'을 볼 것). 다른 계절보다 건강에 좋다.
겨자	디종에만 좋은 겨자가 있다. 위장을 상하게 한다.
격노	늘 '극도에' 달한다.
격언	격언은 결코 새로운 이야기는 아니지만 항상 위안을 준다.
결백	태연함이 그것을 증명해준다.
결투	결투를 했던 사람의 명성. 모욕을 당했을 경우, 가능한 한 오랫동안 팔에 붕대를 감아 목에 걸고 있을 것. 비난할 것. 용기의 증거가 아니다.
경(卿)	부자 영국인.

경련	익사.
경마	경주의 단어. 매우 멋지다.
	아카데미의 정의를 그대로 베낄 것.
경마 기수	그들 부류를 애도할 것.
경마 클럽	회원들이 모두 익살스럽고 아주 부유한 젊은이들이다. 단지 '경마'라고 말하는 것만으로도 아주 멋지고, 거기에 참여하고 있는 것처럼 생각하게 된다.
경비병	"경비병은 죽을지언정 굴복하지 않는다!" 이 네 어절이 이 세 글자를 대신한다.
경작인	그들이 없다면 우린 어떻게 될까?
경작지	경작지를 불쌍히 여길 것.
경쟁	상업 정신.
경찰	언제나 틀린다.
경치	시를 짓기에 훌륭한 장소.
계산서	언제나 너무 비싸다.
고급 가구 세공인	
	특히 마호가니로 작업을 하는 노동자.
고급 창녀	그들을 피조물, 콜걸, 순수하지 못한 사람, 매음하는 여자라고 부를 것.
	필요악이다.
	독신자들이 많은 만큼 우리의 딸과 누이들을 보호할 것.

또는 인정사정없이 쫓아내야 할 것이다. 대로에 그녀들이 있어서 아내와 함께 외출할 수가 없으니까.

그들은 언제나 부르주아들 때문에 타락한 서민의 딸들이다.

고대 　고대와 관계된 것은 모두 평범하고 따분하다!

고대의 골동품

언제나 현대에 제작된 것이다.

고딕 　다른 것들보다 더 신앙심을 많이 지니고 있는 건축 양식.

고르디아스의 매듭[7]

넥타이를 매기 위한 고대인들의 방법.

고무 　탄성이 뛰어난 고무는 늘 말의 음낭으로 만들어진다.

고블랭 직물 　고블랭 직물의 양탄자를 보면, 언제나 "이건 그림보다 더 아름답군요!"라고 말해야 한다.

다 완성하려면 50년이 걸리는 놀라운 작품이라는 것을 확신할 것.

직공은 자기가 무엇을 만들고 있는지도 모른다.

고양이 　훈도병[8]을 피하려면 고양이의 꼬리를 잘라야 한다. '거세하다'라는 동사가 바로 거기에서 연유했다.[9]

고양이를 (멋진) 살롱의 호랑이라고 부를 것.

고양이는 배신자다.

고인돌	사람들은 그것이 무엇인지 모른다. 고대 프랑스인들과 관련이 있다.
	드루이드교 승려들의 희생 제물에 사용된 돌. 브르타뉴에만 있다.
고인이 된	"고인이 된 우리 아버지"라고 말한 다음에는 모자를 들어 올린다.
고전 작품	사람들이 다 아는 것으로 여겨진다.
고전학	미적분과 관계가 있다.
	대단한 학문과 관계가 있고, 엄청난 존경심을 불러일으킨다.
고통	언제나 유리한 결과를 가져다 준다.
	진정한 고통은 항상 억제된다.
고환염	신사의 질병.
곡[10]	언제나 '마곡'이라는 말을 뒤에 붙일 것 : 곡과 마곡.
곤돌라	여자 한 사람을 태우는 모든 작은 배. "내 곤돌라로 와요!"
골동품	언제나 현대에 제작된 것이다.
곰	곰은 모두 '마르탱'이라 불린다.
	곰 구덩이에 시계가 떨어져 있는 것을 보았다고 생각하고 거기에 내려갔다가 잡아먹힌 상이 군인의 일화를 인용할 것.

곰보	곰보 여자는 언제나 음탕하다.
공기	통풍(通風)을 항상 조심해야 한다.
	언제나 공기 속은 기온과 반대를 이룬다. 기온이 높으면 공기가 차갑고, 기온이 낮으면 그 반대다.
공동 침실	공동 침실은 항상 '넓찍하고' '통풍이 잘된다'.
	학생들의 도덕성을 위해서는 개인 침실보다 낫다.
공론가	경멸할 것. 하지만 왜? 사람들은 공론가에 대해서 아무것도 모른다.
공명정대	특히 사법관에게 속하는 자질이다.
공모자	공모자들에게는 언제나 명부에 이름을 올리려는 편집증이 있다.
공무원	그가 맡은 임무가 무엇이건 간에 존경을 강요한다.
	장관부터 사무실 사환에 이르기까지 국가로부터 월급을 받는 모든 사람이 공무원이다.
	고위 공무원.
공장	건강에 해롭고 위험한 이웃.
공증인	이제는 공증인을 믿지 않는다.
공포	음탕한 표현에 대해서는 공포horreur의 복수(複數)를 사용한다.[11]
	공포를 줄 수는 있지만 공포에 대해 말할 수는 없다.
	"깊은 밤 공포 속에서였다."
공화주의자	공화주의자가 모두 도둑은 아니다. 하지만 도둑

은 모두 공화주의자이다.

과도한 비만   그 원인들.

과장   합리적인 사람들.

과장법   "과장법으로 과장하기가 얼마나 어려운지요!"라고 말하면서 우롱할 것.

관념론자   모든 신문 기자들.

관례   당국자, 여러 기관의 장.

마력적인 효과를 나타내는 역할을 한다.

대중의 상상력을 깨뜨린다. 반드시 필요하다! 반드시 필요하다!

광고   재산의 근원.

괴물   요즘은 더 이상 볼 수 없다.

교대하다   군인들이 활용하는 유일한 동사.

교수   언제나 박식하다.

교수대   죽기 전에 유창하게 몇 마디 말하기 위해, 교수대에 올라갈 때는 준비를 할 것.

교양인   더 이상 존재하지 않는다.

교육   서민들이 밥벌이를 하는 데는 교육이 필요 없다.

사람들이 교육을 많이 받았다고 믿도록 내버려둘 것. '견식 있는' 계층들은 그 반대 상황을 납득하지 못하니까.

교황의 파문 선고

무시할 것.

구걸하기	금지되어야 할 일인데 결코 그렇게 되지 않는다.
구경꾼	파리 사람들은 모두 구경꾼이다——비록 열 명의 파리 사람 중에 아홉 명이 시골 태생이긴 하지만. 파리에서는 사람들이 일을 하지 않는다.
구두 닦기	자기 스스로 하는 경우에만 좋은 일이다.
구두 수선공	구두 수선공은 신발 이상의 것에 대해서는 판단하지 말 것.
구적법	그것이 무엇을 의미하는지는 모르지만, 그것에 대해 말할 때는 어깨를 들썩여야 한다.
국가	(여기에 모든 백성을 집합시킬 것).
국기	국기를 보는 것만으로도 가슴이 뛰어야 한다.
국본조칙(國本詔勅)	사람들은 그것이 무엇인지 모른다.
국회의원	국회의원이 되는 것! 최고의 영광. 의회를 비난할 것——줏대가 없다. 모두 수다쟁이들. 하는 일이 아무것도 없다.
군대	사회의 성벽.
군주제	입헌군주제는 공화국의 가장 좋은 형태이다.
군중	"군중의 무질서가 전복시킨다." "천한 하층민"(티에르). "성스러운 국민이 군중을 이루어 회랑을 가득 메웠다."

	언제나 훌륭한 직관을 가지고 있다.
굴	더 이상 먹지 않는다. 너무 비싸다.
굴뚝 청소부	겨울 제비.[12)
궐련	전매공사의 궐련은 언제나 '악취를 풍긴다'. 밀수입된 궐련만 좋다.
귀부인	귀부인들을 위한 모든 것.
	귀부인들에 대한 명예.
	"그 귀부인들은 살롱에 있어요"라고 절대로 말하지 말 것.
귀족 신분	그것을 경멸하면서도 부러워한다.
귀지	'인간의 밀랍.' 귀에 곤충이 들어가는 것을 막아주니 귀지를 파내지 말 것.
규모	그것을 발음하는 방식에 대해 다툴 것.
그로그[13)	신사적이지 않다.
그룹[14)	벽난로 위와 정치에 잘 어울린다.
그리스도의 적	
	볼테르.
	르낭.
그리스풍의 모자	
	서재에 틀어박혀 있는 사람에게 꼭 필요하다—— 얼굴에 위엄을 준다.
근거	모든 소식은 근거가 없다.
근육	힘센 남자들의 근육은 언제나 강철로 되어 있다.

근절	오직 '빈곤'이나 '자연적인 열기'와 함께 사용된다.
근절하다	이 동사는 특별히 티눈과 이교에 대해 사용된다.
글씨	잘 쓴 글씨는 무엇에든 통한다.
	해독할 수 없는 글씨는 학식의 표시다.
	예 : 의사의 처방전.
금고	그 복잡함 때문에 실패하기가 아주 쉽다.
금발 여자	갈색 머리 여자보다 더 정열적이다('갈색 머리 여자'를 볼 것).
	푸른색이 금발 여자에게 잘 어울린다.
금욕주의	불가능하다고 말할 것.
금은 세공사	언제나 그를 '조스 씨'라고 불러야 한다.
급진주의	'눈에 안 보이는' 만큼 더 무섭다.
	공화국은 우리를 급진주의로 이끈다.
기계공학	수학의 하위 분야.
기도	보쉬에[15]의 모든 연설.
기독교	노예들을 해방시켰다.
기린	여자를 낙타라고 부르지 않기 위한 공손한 단어.
기반	사회의 기반 : 소유권, 가족, 종교, 권위에 대한 존경심.
	누군가 그것을 공격하면 화를 내며 말해야 한다.
기병	'우자르'[16]라고 말할 것.
	언제나 '친절한' 혹은 '씩씩한'이라는 말이 앞에

붙는다.

귀부인들이 마음에 들어한다.

'근위대의 기병들을 알고 있는 너'라는 말을 인용하는 것을 잊지 말 것.

매우 품위 있다.

기병대 보병대보다 고상하다.

기쁨 놀이와 웃음의 어머니. 그 '딸들'에 대해서는 말하지 말아야 한다.

기숙 학교 여자 아이들의 기숙 학교일 때는 '보딩 스쿨'이라고 말할 것.

기술자 부러움을 사는 가장 훌륭한 칭호. 그러나 스스로를 가리켜 광학 기계 기술자라고 말할 권리를 얻기 위해서는 안경을 파는 것으로 충분하다.

젊은이에게 어울리는 첫 번째 경력——모든 직업 중에서.

모든 학문을 알고 있다.

기습 교묘하고 게다가 아주 합법적이었던 그 공격에 대해 말하면서 분개할 것.

기억력 자신의 기억력을 한탄할 것——그리고 심지어 기억력이 없음을 자랑할 것. 그러나 판단력이 없다는 얘기를 들으면 얼굴을 붉힐 것.

기재 항상 설형 문자이다.

(지금은 사라지고) 신문 예약 구독을 할 때만 활

용된다.

기지   언제나 '반짝이는' 이라는 말이 따라다닌다.

세상에는 재사(才士)가 너무 많아 탈이다.[17]

기지가 뛰어난 사람들은 서로 의기가 통한다.

뛰어난 기지──기지가 뛰어난 여자.

기질   기질을 가지고 있다(개성이 강하다).

꼽추   모두 재주가 많다.

음탕한 여자들에게 아주 인기가 있다.

매춘부들의 기사.

'혹이 있는 사람' 이라고 말할 것. 그것이 더 예의

바르니까.

그의 혹을 만지면 행운이 온다.

꾸지람 언제나 '꾸지람을 하다' 의 형태로 쓰인다.

꿩   저녁 식사에서 좀더 멋진 모든 것.

〔ㄴ〕

나막신　　　　언제나 어렵게 시작했고 '나막신을 신고' 파리로
　　　　　　　올라왔던[18] 부유한 사람에 대해 말해야 한다.

나사(羅紗)　　모든 나사는 엘뵈프[19]산이다.

나선　　　　　기계 장치의 미래.

나폴리　　　　"나폴리를 보고 죽으라!"
　　　　　　　만약 학자들과 이야기를 한다면 파르테노페[20]라
　　　　　　　고 말할 것.

낙관주의자　　바보와 대등하다.

낙타　　　　　낙타는 혹이 두 개고 단봉 낙타는 혹이 하나다.
　　　　　　　혹은 낙타는 혹이 하나고 단봉 낙타는 혹이 두 개
　　　　　　　다. 사람들은 그것을 혼동한다.
　　　　　　　낙타처럼 절제할 것.[21]

난쟁이　　　　난쟁이에 대해 말할 때는 엄지 장군 톰의 이야기
　　　　　　　를 할 것. 그리고 만약 그의 손을 잡았다면 우쭐
　　　　　　　대며 그 사실을 말할 것.

날　　　　　　'남자'의 날들이 있다 : 수염의 날, 의사의 날 등.
　　　　　　　여자들이 '부인'의 날이라고 부르는 것이 있다 :
　　　　　　　한 달 중 일정한 시기에는 '비판적'이 된다.

날뛰게 만들다
　　　　　　　사람들은 개와 나쁜 감정을 날뛰게 만든다.

날씨　　　　　대화의 영원한 주제.

질병의 보편적인 원인.

언제나 날씨에 대해 불평할 것.

남색가   모든 남자들이 일정한 나이에 감염되는 질병.

남자들의 점심 식사

굴, 백포도주, 그리고 음담패설이 요구된다.

남자의 (꼭 끼는) 겉저고리

언제나 '살구' 색이다.

남프랑스(의 요리)

언제나 마늘이 들어간다. 비난할 것.

남프랑스 사람

모두 시인이다.

내의   누구나 절대로 지나치게 많이 보여주지 않는다.

(발) 냄새   건강의 표시.

넥타르   '암브로시아'와 혼동된다.[22]

노동자   폭동을 일으키지 않을 때는 항상 성실하다.

노르망디 사람

모두 (진짜) 사기꾼.

그들이 배낭에 대해 이야기한다고 생각되면 면
모자를 가지고 그들을 조롱할 것.

노예   아들에게 제시하기 위한 예.[23] 그러나 사람들은
노예들을 어디서 찾아야 하는지 모른다.

노인   홍수, 천둥을 동반한 심한 비바람 등에 대해서,
노인들은 그와 비슷한 것은 결코 본 적이 없다고

회상한다.

놀이	'남에게 해를 끼치지 않는' 놀이 : 있는 그대로의 놀이.
	사회의 놀이.
	놀이와 웃음.
	그 '치명적인 열정'에 대해 분개할 것.
	진지한 놀이 : 휘스트,[24] 체스 등.
	저속한 놀이 : 피케,[25] 에카르테,[26] 베지그.[27]
	서클의 놀이 : 랑스크네, 바카라.[28]
	카페의 놀이 : 도미노, 주사위 놀이.
	멍청한 놀이 : 체커 놀이, 카드 세 장으로 31점을 만드는 놀이.
	고상한 놀이 : 당구.
농담	부인들과 함께 들놀이를 할 때 해야 한다.
농업	국가의 젖꼭지들 중 하나('국가'가 남성 명사이지만 상관없다).
	일손이 부족함. 농업을 장려해야 할 것이다. 매우 멋진 주제.
농장	농장을 방문하면 흑빵만 먹고 우유만 마셔야 한다. 계란까지 먹게 되면, "와! 굉장히 신선하군요! 도시에서 이런 걸 발견할 염려는 없어요!"라고 소리칠 것.
농장주	농장주에게 말을 걸 때는 언제나 '아무개 주인'이

라고 말해야 한다.

농장주들은 모두 편안하다.

능금주 이를 상하게 한다.

〔ㄷ〕

다갈색 머리 여자
    ('금발 여자', '갈색 머리 여자', '백인 여자',[29]
    '흑인 여자'를 볼 것).

다뉴브   터키의 루비콘 강.

다마스쿠스   칼날을 만들 줄 아는 유일한 장소.

다윈   우리가 원숭이의 후예라고 말하는 사람.

다이아몬드   "그것이 석탄이라고 말하는 사람들도 있다."
    결국은 그것을 모으게 될 것이다.
    만약 자연 상태의 다이아몬드를 발견하게 된다면
    당신은 줍지 않을 것이다.

단검   칼날이 길면 그 단검은 카탈루냐 사람의 것이다.
    범죄를 저지르는 데 쓰일 때는 '단도'라고 불린
    다.

단단한   변함없이 '강철처럼'이라는 말이 덧붙여진다.
    '돌처럼 단단한'이라는 표현도 있지만 그보다 강
    하지 않다.

닫힌   언제나 '밀봉하여'라는 말이 앞에 붙는다.

달   우수를 불러일으킨다.
    달처럼 소심하다.
    어쩌면 사람이 살지도 모른다.

달걀   존재의 기원에 대한 과학적인 논문을 위한 출발

점.

담배   전매공사의 담배는 밀수입한 담배만 못하다.

코담배 냄새를 맡는 것은 서재에 틀어박혀 사는 사람에게 어울린다.

뇌와 척수에 질병을 일으키는 원인.

당과(糖菓) 제조인

루앙 사람들은 모두 당과 제조인들이다.

당구   고상한 놀이. 시골에서는 꼭 필요한 것.

당통[30]   "대담함, 또다시 대담함, 언제나 대담함!"

대리석   모든 동상은 파로스[31]의 대리석으로 되어 있다.

대리인   음란한 용어.

대머리   언제나 '너무 일찍 찾아온다'.

젊었을 때 무절제했거나 대단한 생각을 품고 있는 사람에게 생긴다.

대부(代父)   언제나 대자(代子)의 아버지이다.

대양   무한의 이미지.

대추   사람들은 그것이 무엇으로 만들어져 있는지 모른다.

대하   바닷가재의 암컷.

대학   프랑스 교수단.

대학입학 자격시험

비난할 것.

대화   정치와 종교는 대화에서 배제되어야 한다.

더위 　　　　언제나 '참을 수 없다'.

　　　　　　"숨을 쉴 수 없어요!"

　　　　　　날씨가 더울 때는 술을 마시지 말아야 한다.

데모스테네스[32)]

　　　　　　반드시 입에 자갈 하나를 물고 연설했다.

데생(술)　　세 가지로 이루어진다 : "선, 점, 그리고 미세한

　　　　　　입자. 거기에다가 강한 필치——그러나 강한 필

　　　　　　치! 그것을 보여주는 사람은 오직 대가밖에 없다"

　　　　　　(크리스토프).

데카르트　　나는 생각한다, 그러므로 존재한다!

도구　　　　범죄를 저지르는 데 사용된 도구들은 '날카롭지'

　　　　　　않으면 언제나 '타박상을 입히는' 것이다.

　　　　　　음악적 도구(악기).

도미노　　　사람들은 적당히 취했을 때 더 게임을 잘한다.

도움　　　　다음과 같은 것은 그들에게 도움이 되는 것이다 :

　　　　　　아이들의 뺨을 철썩 때리는 것,

　　　　　　동물들을 때리는 것,

　　　　　　하인들을 쫓아내는 것,

　　　　　　악당들을 벌주는 것.

독신자　　　독신자들은 이기적이고 방탕하며, 하녀와 잠을

　　　　　　잔다.

　　　　　　그들을 비난할 것. 그들에게 과세해야 할 것이다.

　　　　　　그들이 준비하는 삶은 얼마나 우울한가!

독일	항상 '금발의', '몽상에 젖은'이라는 수식어가 선행된다. 그러나 그 군대 조직은 굉장하다!
독일인	그들이 우리를 공격한 것은 놀라운 일이 아니다. 우리는 준비가 되어 있지 않았으니까!
	(늙은) 몽상가들의 민족.
독창적인	저속함과 통상 관념 앞에서 복종하기를 거부하는 사람에 대해 '독창적'이라고 말해야 한다.
	그런 사람을 비웃는 것은 언제나 정신의 대단한 우월성을 증명해준다.
	인정받는 방식.
돈	태양의 신(아폴론과 혼동하지 말 것).
	장관들은 돈을 대우라고 부르고, 공중인들은 봉급, 의사들은 사례금, 종업원들은 월급, 노동자들은 품삯, 가정부들은 급료라고 부른다.
	돈이 행복을 만들지는 않는다.
	악의 근원, 발전시켜야 할 경제적인 관념.
	가증스러운 황금에 대한 욕망.
돈벌이가 적은 사람	
	상점을 위한 훌륭한 간판. 이런 간판은 신뢰감을 불러일으킨다.
돌고래	등에 새끼들을 업고 다닌다.
돔	어려운 건축술.
	그것이 어떻게 버티고 있을까?

두 가지 돔을 인용할 것. 앵발리드 기념관의 돔과 로마에 있는 산 피에트로 성당의 돔.

동굴 종유석이 있다──위대한 인물이 벌이는 만찬이 나 무도회, 유명한 축제가 있었다── 안에는 파이 프 오르간의 관 같은 것과 교회의 제단이 보인다. "대혁명 동안에는 여기서 미사를 드렸다."

동맹원 프랑스 자유주의의 선구자들.

동산(動産) 모두들 자신의 동산을 염려한다.

동상 건강의 표시. 추울 때 몸을 덥게 하면 동상에 걸린다.

동양학자 여행을 많이 한 사람.

돼지 몸의 내부가 사람 몸의 내부와 '아주 비슷하므로' 병원에서 해부학 연구에 쓰여야 할 것이다.

돼지고기 장수

여자 돼지고기 장수들은 모두 예쁘다.

인간 파이의 일화.

이발사의 이웃이라는 것을 잊지 말 것.

파이가 인육으로 만들어진 것이 아닌지 물어볼 것.

두꺼비 개구리의 수컷.

돌 안에 산다.

매우 위험한 독을 가지고 있다.

두더지 "두더지처럼 앞이 안 보인다." 그렇지만 두더지에 게는 눈이 있다.

두려움	날개를 달아줘서 줄행랑을 치게 만든다.
둔주곡	그것이 무엇으로 이루어져 있는지는 몰라도 대단히 어렵고 아주 지루하다고 단언해야 한다.
둥근 공	여자의 가슴을 가리키는 정숙한 말 : "당신의 아름다운 둥근 공에 키스하게 해주세요."
뒤퓌트랑[33]	연고와 박물관으로 유명하다.
등	등을 손바닥으로 치면 폐병 환자로 만들 수도 있다.
등나무	지팡이는 등나무로 만들어야 한다.
디드로	언제나 '달랑베르'와 붙어 다닌다.
디아나[34]	사냥과 순결의 여신.
디오게네스	"난 사람을 찾고 있소." "햇빛을 가리지 않게 비켜서주시오."
따귀 때리기	절대로 하지 말 것.
딸꾹질	딸꾹질을 없애려면 열쇠로 등을 찌르거나 겁을 준다.
땀	발의 땀, 건강의 표시.
뗏목	언제나 '메두사의' 라는 말이 따라다닌다.
(운을 맞추기 위한) 뜻없는 낱말	작시법.

[ㄹ]

라 파예트   그의 하얀 말 때문에 유명한 장군.

라 퐁텐   라 퐁텐의 우화들을 절대로 읽지 않았다고 주장
　　　　　　해야 한다.

　　　　　　그를 '호인'이라고 부를 것.

　　　　　　'불멸의 우화 작가'라고 부를 것.

라신   부랑아!

라일락   여름을 예고하기 때문에 즐거움을 준다.

라틴어   인간의 자연스러운 언어.

　　　　　　글씨체를 망친다.

　　　　　　단지 공동 분수의 비문을 이해하는 데만 유익하
　　　　　　다.

　　　　　　라틴어로 된 인용문을 조심해야 한다. 거기에는
　　　　　　항상 뭔가 상스러운 것이 숨겨져 있으니까.

　　　　　　인용해야 할 문구들.

　　　　　　예를 들어······.

러시아 황제 차르라고 발음할 것. 때때로 '전제 군주'이다.

러시아 황제의 칙령

　　　　　　너무 권위적인 명령이 나올 때마다 그것을 '러시
　　　　　　아 황제의 칙령'이라고 불러야 한다. 그러면 그것
　　　　　　은 정부에게 불쾌감을 준다.

록슬란[35]   이것은 무엇인가? 이것이 의미하는 것은 들창코

이다.

롱사르[36)]   그가 사용하는 그리스어 단어와 라틴어 단어 때
          문에 우스꽝스럽다.

루소   두 명의 코르네유처럼 J. B. 루소와 J. J. 루소가
          형제라고 믿을 것.[37)]

루이 16세   언제나 '이 불행한 군주'라고 말할 것.

리외[38)]   사람들은 4킬로미터보다 1리외를 더 빨리 간다.

리트레[39)]   그의 이름을 들으면 비웃을 것.
          "우리가 원숭이의 후예라고 말하는 그 사람."

〔ㅁ〕

마늘   장내 기생충을 죽이고 사랑의 전투를 하게 한다.
         앙리 4세가 태어났을 때 사람들이 마늘로 그의 입
         술을 문질렀다.

마르세유 사람
         모두 재치 있는 사람.

마멸된   고대의 모든 것은 마멸된 것이고, 마멸된 모든 것
         은 고대의 것이다.
         (사람들이 골동품을 살 때를 잘 상기해볼 것).

마술(魔術)   비웃을 것.

마술(馬術)   살을 빼는 데 좋은 운동. 예 : "기병은 모두 다 말
         랐다."
         살찌게 하는 데 좋은 운동. 예 : "기병 장교들은
         모두 배가 나왔다."
         "그는 정말 반은 사람이고 반은 말인 괴물처럼 말
         을 탄다."

마에스트로   '피아니스트'를 뜻하는 이탈리아어.

마을의 종탑   심장을 뛰게 하는 데 쓰인다.

마자랭에 대한 풍자문
         경멸할 것.
         단 하나도 알고 있을 필요가 없다.

마차   소유하는 것보다 빌리는 것이 더 편리하다──그

러면 하인들에 대한 근심도, 늘 병에 걸리는 말에 대한 근심도 없다.

마카로니 이탈리아식이라면 손가락으로 덜어야 한다.

마키아벨리 그의 책을 읽지는 않았지만 그를 범죄자로 여길 것.

마키아벨리즘 늘 몸을 떨면서 발음하게 되는 격렬하고 끔찍한 단어.

막간 언제나 너무 길다.

만돌린 스페인 사람들을 유혹하는 데 꼭 필요하다.

만화경 회화의 살롱들과 관련해서만 사용된다.

말 자신의 힘을 모른다. 만약 말이 자신의 힘을 안다면 끌려 다니지 않을 것이다.

"여러분, 말을 타시오!"(모든 연극에서).

가장 고상한 정복⋯⋯.

경주마를 경멸할 것——그걸 무엇에 써요?

일화 : 유명해진 삯마차 말, 50프랑짜리 조랑말 등.

말고기 : 진지한 인물로 처신하고 싶어하는 사람에게 좋은 주제.

말린 자두 말린 자두는 배를 비워준다.

맘루크[40] 동양의 옛 민족.

망루 침통한 생각을 일깨운다.

망명자 기타를 가르치거나 샐러드를 만들어서 생활비를 번다.

매독	심하건 아니건 모든 사람들이 감염되어 있다.
매장	장군과 관련해서는 '장례식'이라 불리고, 철학자와 관련해서는 '땅에 묻기'라 불린다.
	──"불과 일주일 전에 함께 저녁을 먹었는데. 누가 이렇게 될 줄 알았겠어요!"(영구차 뒤에서).
매장식	성급한 매장식의 위험.
	몸을 떨게 만드는 이야기를 할 것.
	배고픔을 달래기 위해 서로를 먹어치운 시체들이 발견되었다!
	질식 때문에 생긴 일이라고 사람들이 주장하더라도 당황하지 말 것.
매킨토시[41]	스코틀랜드의 철학자.
	고무의 발명가.
매트	딱딱할수록 건강에 좋다.
맥주	마셔서는 안 된다. 감기에 걸린다.
맬서스[42]	비열한 놈!
	사람들은 그의 책의 제목조차 모른다.
맹수를 길들이는 사람	
	음란한 관습을 사용한다.
머리카락	머리털.
머캐덤 도로	머캐덤 도로는 혁명을 소멸시켰다. 왜냐하면 더 이상 바리케이드를 만들 포석이 없게 되었기 때문이다.

그럼에도 불구하고 아주 불편하다.

비난할 것.

메달   고대에만 메달이 만들어졌다.

메아리   팡테옹의 메아리와 뇌이 다리의 메아리를 예로
                들 것.

멕시코   (사본에서)
                멕시코 전쟁은 (루에르[43]) 통치 시대의 가장 위대
                한 생각이다.

멜로드라마   드라마보다 비도덕적이지 않다.

멜론   "과일인가? 야채인가?" 식탁에서 나누는 대화의
                재미있는 주제——영국에서는 후식으로 멜론을
                먹는 사람들이 있다는 논지를 펼 것.
                ——어쨌든 그것은 관습 때문이다!

명령   너의 이름으로 얼마나 많은 죄를 저지르는가!

명백한 사실   그것이 눈을 피로하게 하지 않는다면 당신은 장
                님이다.

명암법   사람들은 그게 뭔지 모른다.

명예   명예에 대해 이야기할 때는 다음을 인용할 것 :
                "명예란 기슭이 없는 가파른 섬과 같다.
                거기서 밖으로 나오자마자 더 이상 안으로 들어
                갈 수 없게 된다."
                언제나 자신의 명예에 대해서는 신경을 쓰고 다
                른 사람의 명예에 대해서는 별로 신경을 쓰지 말

아야 한다.

모기	그 어떤 사나운 짐승보다도 더 위험하다.
모욕	여자를 능욕하다.
모음 중복	인정하지 말 것!
모자	그 형태들에 대해서 항의할 것.
모자이크	그 비결은 상실되었다.
모피	부의 표시.
목동	목동들은 모두 마법사들이다.
	성모 마리아와 이야기하는 특별한 능력을 가지고 있다.
몸	우리의 몸이 어떻게 이루어졌는지 안다면 우리는 감히 움직이지 못할 것이다.
몸종	모두 자기 여주인을 배반한다.
	여주인의 비밀을 알고 있다.
	종종 여주인보다 예쁘다.
	언제나 그 집 아들에게 능욕당한다.
몽상	이해할 수 없는 고상한 생각을 '몽상'이라고 부르는 것은 잘하는 일이다.
몽유병	언제나 지붕 위에서 걸어 다닌다.
묘사	소설에는 늘 묘사가 너무 많다.
무능	언제나 '다 알려져' 있다.
	무능하면 무능할수록 더 야심적이어야 한다.
무대 장치	회화에 속하지 않는다. 천에 한 양동이의 물감을

뒤죽박죽으로 뿌리는 것으로 충분하다. 그 다음에 빗자루로 펼쳐놓으면, 조명을 받게 됐을 때 멀리 떨어져서 보는 사람에게 환상을 불러일으킨다.

무신론자   무신론자인 민족은 존속할 수 없을 것이다.

무한히 작은   그것이 무엇인지는 모르지만, 유사 요법과 관계가 있다.

무희   동양의 모든 여자들은 무희이다.

상상력을 불러일으키는 단어.

문법   아주 어릴 때부터 아이들에게 명확하고 쉬운 것으로서 가르친다.

문법학자   모두 유식한 체한다.

문설주(의 권리)[44]

믿지 말 것.

문학   게으름뱅이들의 직업.

물   파리의 물은 심한 복통을 일으킨다.

바닷물은 수영하기 좋게 더 잘 받쳐준다.

쾰른의 물[45]은 냄새가 좋지만, 파리의 물은 냄새가 나쁘다.

물 치료법   모든 질병을 없애기도 하고 일으키기도 한다.

물품 입시세(入市稅)

입시세를 탈세할 것.

미늘창hallebarde

'기사가 지녔던 단검miséricorde'과 운이 맞지 않는다.

시커먼 구름이 보이면 잊지 말고 "미늘창이 쏟아지듯 비가 쏟아진다"[46]고 말할 것.

스위스에서는 모든 남자들이 미늘창을 가지고 다닌다.

미적 감각   자기의 수수한 화장에 대해 변명하는 여자에게는 언제나 "단순한 것은 항상 좋은 미적 감각이죠"라고 말해야 한다.

밀렵자   모두가 풀려난 유형수들이다. 들판에서 저질러지는 모든 범죄와 관련해 그들을 고발해야 한다. 광적인 분노를 자극해야 한다. 동정할 것 없어요! 동정할 것 없다고요! 그렇지만 사냥개를 구할 때는 바로 그들에게 부탁해야 한다.

〔ㅂ〕

바그너	그의 이름을 들으면 비웃고, 음악의 미래에 대해 농담을 할 것.
바뇰레[47)	장님으로 유명한 고장.
바다	바닥이 없다.
	무한의 이미지.
	위대한 생각을 제공한다.
	바닷가에서는 항상 망원경을 가지고 있어야 한다.
	바다를 바라볼 때는 언제나 "물이 어쩌면 이렇게 많을까!"라고 말할 것.
바보들	당신처럼 생각하지 않는 모든 사람들.
바스크인	가장 잘 달리는 민족.
바실리카 양식의 건축	
	교회의 화려함과 동의어.
박물관	베르사유 박물관. 루이 필리프 왕의 좋은 생각.
	민족적인 영광의 위대한 사건들을 회상시킨다.
	루브르 박물관. 아가씨들은 피할 것.
	뒤퓌트랑. 젊은이들에게 보여주기에 아주 유익하다.
박식	편협한 정신의 표시인 것처럼 경멸할 것.
박차	한 켤레의 장화와 깊은 관련이 있다.

반감	반감은 굴과 같다. 사람들이 그것을 열어 보이니까.
	"반감이 드러났다!" 이제는 식탁에 앉을 일밖에 없는 듯하다.
반원형	사람들이 알고 있는 반원형은 조형 예술의 반원형밖에 없다.
반지	집게손가락에 끼는 것이 매우 눈에 잘 띈다.
	엄지손가락에 끼는 것은 너무 동양적이다.
	반지를 끼면 손가락이 변형된다.
발명가	모두들 보호 시설에서 죽는다. 그리고 다른 사람이 그들의 발견을 이용하는데, 그건 부당한 일이다.
발의 티눈	기압계보다 날씨의 변화를 더 잘 나타내준다.
	잘못 자르면 매우 위험하다.
	끔찍한 사고의 예를 인용할 것.
	계단을 올라가는 일을 피해야 한다. 그 때문에 티눈이 생기니까.
	매우 신중한 사람들은 결코 티눈을 잘라내지 않는다. 손톱으로 떼어내고, 식초에 담가두었던 고기 조각을 붙인다.

밤〔栗〕châtaigne

　　　　　마롱·marron의 여성형.[48]

밤 모임	시골의 밤 모임은 도덕적이다.

밤참	밤참의 주된 음식은 순대이다.
밧줄	사람들은 밧줄의 힘을 모른다. 그것은 철보다 강하다.
방망이	칼보다 더 무시무시하다.
방법	아무짝에도 쓸모가 없다.
방탕	독신자들의 모든 질병의 원인.
배	부인들이 있을 때는 '복부'라고 말할 것.
배설	배설은 종종 '양이 많고', 언제나 '나쁜 종류이다'. 대변. 변소.
배심원	배심원이 되지 않도록 애쓸 것.
백과사전	비난할 것. 로코코 작품인 것처럼, 그것에 대해 연민의 웃음을 지을 것.
백조	"한 마리 백조처럼 하얗다." 검은 백조도 있으므로. "백조의 노래." 백조는 노래하지 않으므로. 날개로 사람의 엉덩이를 부술 수도 있다. 캉브레의 백조는 새가 아니라 페늘롱[49]이라는 이름을 가진 사람이었다. 만토바[50]의 백조 : 베르길리우스. 페사로[51]의 백조 : 로시니.
뱀	모두 유독성이다.
뱃멀미	뱃멀미를 겪지 않기 위해서는 다른 것을 생각하는 것으로 충분하다.

버섯	시장에 나온 것만 먹을 것.
범신론자	비난할 것. 부조리하다.
법복	존경심을 강요한다.
법학 (소논문)	
	사람들은 그것이 무엇인지 모른다.
베개	절대로 사용하지 말 것. 베개를 사용하면 꼽추가 된다.

베네치아 공화국의 비밀 법정

그것이 어떤 것이었는지는 모르겠지만, 아무튼 굉장한 것이었다.

가면을 쓰고 토의했다.

아직도 떨린다!

베레스[52]	아직도 용서받지 못했다.
베토벤	'비토반'이라고 발음하지 말 것.

어쨌든 그의 작품을 연주할 때는 황홀해진다.

(낡은) 재능을 지닌 멍청이들의 서곡.

"대단한 조화."

"그것은 음을 연결하는 기술이다!"

벨기에인	벨기에인을 허울뿐인 프랑스인이라고 불러야 한다. 그러면 그것은 웃음을 자아낸다. "알고 있지요."
벨벳	옷 위의 벨벳 장식──기품과 부유함.
벽난로	언제나 연기가 난다.

난방과 관련된 토론 주제.

벽옥(碧玉) 박물관의 모든 단지들은 벽옥으로 되어 있다.

변두리 혁명시에 끔찍했다.

변비증 문인들은 모두 변비에 걸려 있다.

정치 신조에 영향을 미친다.

변신 변신을 믿었던 시절을 비웃을 것. 오비디우스[53]가 변신의 발명가이다.

변호사 법정에 변호사가 너무 많다.

그들은 쌍방의 주장을 모두 변호하기 때문에 잘못된 판단을 내린다.

모든 것에 대해서. 심지어 그들이 알지 못하는 것에 대해서도 문의를 받는다.

말을 잘 못하는 변호사에 대해서는 "하지만 그는 법학에 아주 뛰어나요"라고 말할 것.

별 누구에게나 황제로서의 자기 별이 있다.

병사의 탄약 주머니

원수(元帥)의 지휘봉 케이스.

보수주의자 배가 불룩 나온 정치가.

"한계가 정해진 보수주의자!"

"네, 선생님, 한계는 보호책의 역할을 하지요."

보조개 예쁜 여자에게는 언제나 그녀의 보조개 속에 사랑이 담겨 있다고 말해야 한다.

보통 선거 정치학의 마지막 용어.

보헤미안   보헤미안은 모두 보헤미아에서 태어났다.

복음서   신성하고, 고상하고, 도덕적이고……등의 책.

복잡한 구성 모든 연극 작품의 기본.

본능   지능을 보충해준다.

볼테르   '지독하게 입을 비죽거리는 것'으로 유명하다.
            피상적인 학문.

봉건제   그것에 대해서 어떤 뚜렷한 생각을 전혀 갖고 있
            지 않더라도 비난할 것.

부(富)   그 위세.
            모든 것을, 심지어 존경까지도 대신한다.

부도덕   이 단어를 잘 발음하면 이 단어를 사용하는 사람
            을 두드러지게 부각시킨다.

부스럼   부스럼이 사라지게 해서는 안 된다. 부스럼은 건
            강의 표시이며, 강인한 혈액의 표시이다.

분   "1분이 얼마나 긴지 사람들은 예상하지 못한다."

불   불은 모든 것을 정화시킨다.
            흡연자들 사이에서는 절대로 거절당하지 않는다.
            "불이야!"라는 소리가 들릴 때는 언제나 분별을
            잃기부터 해야 한다.

불교   '인도의 잘못된 종교'(부이예 사전 초판의 정의).

불법 행위를 하다
            입시(入市) 세관에서 불법 행위를 하는 것은 속이
            는 것이 아니다.

그것은 정치적 독립과 재치의 증거이다.

또 다른 의미를 가지고 있다.

불사조　화재 보험 회사의 훌륭한 이름.

뷔퐁[54]　글을 쓰기 위해 토시를 끼곤 했다.

브랜디를 탄 커피

"브랜디를 탄 커피는 브랜디 위스키 없이는 결코 만들어지지 않는다."

브르타뉴 사람

모두들 선량하지만 고집이 세다.

비둘기　반드시 완두콩과 함께 먹어야 한다.

비만　부와 나태의 표시.

저녁 식사 후에 잠자기. 맥주.

비만한　비만한 사람들은 사형 집행인을 절망시킨다. 그들은 '사형 집행의 어려움'을 안겨주니까.

예 : 뒤 바리.[55]

그들은 쉽게 수영을 한다.

비방문(誹謗文)

더 이상 쓰이지 않는다.

비소　어디에나 있다!

라파르주 부인을 인용할 것.

그렇지만 비소를 먹는 민족도 있다.

비자금　장관들이 사람들의 양심을 매수하는 데 사용하는 계산할 수 없는 금액.

그것에 대해 분개할 것.

비장   옛날에는 경주자들의 비장을 잘라냈다.

비장을 뽑아낸 개

'비장을 뽑아낸 개'처럼 달린다.[56]

(비장을 뽑아내는 일이 인간에게 시행된 적은 한 번도 없었다는 사실을 알 필요는 없다).

비평가   언제나 '탁월하다'.

모든 것을 알고, 모든 것을 경험하고, 모든 것을 읽고, 모든 것을 본 사람으로 여겨진다.

그가 마음에 들지 않으면 그를 엄정한 비평가 또는 내시라고 부를 것.

빗   머리카락이 빠지게 한다.

빛   촛불을 켤 때는 언제나 "빛이 있으라!"라고 말할 것.

빵   사람들은 빵과 함께 먹게 되는 불결함을 모른다.

뻔뻔스러움   언제나 '지옥 같은' 또는 '무례한'이라는 말이 선행된다.

〔ㅅ〕

사각 머플러　사각 머플러에 코를 푸는 것은 '신사적인' 일이다.

사고(事故)　언제나 '통탄스럽거나' '유감스럽다'. 마치 언젠
가는 불행을 즐거운 것으로 생각해야 될 것처럼.

사기꾼　언제나 '비열한' 이라는 말이 앞에 붙는다.

사냥　수렵 연습.

건강에 아주 좋다.

언제나 사냥에 대해 커다란 열정을 지니고 있는
체해야 한다.

군주들에게 꼭 필요한 것.

행정관들이 열광하는 주제.

사냥감　연하게 맛이 든 것만 좋다.

사냥꾼　사냥꾼은 모두 허풍을 잘 친다.

그들을 '니므롯'[57]이라고 부를 것. 그러면 이유는
알 수 없지만 그들은 아주 기분 좋아한다. 또는
'신 앞에서의 훌륭한 사냥꾼' 이라고 부를 것.

사냥 도구 일체. 아침에 일어난다…….

신발은 너무 무겁고 두꺼워서 걷기에 힘들다.

시골의 공기에 영향을 미친다.

사냥 나팔　숲에서, 그리고 저녁때 물가에서 효과가 좋다.

"자, 사냥꾼아, 빨리 들판으로. 사냥 나팔 소리가
들리지 않느냐? 통통, 통텐, 통통."

사막 무한함의 이미지──사람이 살 수 없는 곳.

대추야자 열매를 생산한다.

낙타는 사막을 다니는 선박이다.

사법관 결혼하기에는 훌륭한 직업.

사법관은 모두 남색가이다.

사순절 동안의 절식

사실은 위생적인 수단일 뿐이다.

사위 "내 사위라고! 모든 게 다 엉망이야."

이것은 그라소의 목소리를 흉내 내어 말해야 한다.

사자 포효를 잘하는 사자!

"그런데 사자와 호랑이가 고양이들이라니!"

호랑이보다 관대하다.

언제나 공 모양의 것을 가지고 논다.

사전 비웃을 것──무지한 자들을 위해서만 만들어진
다.

사제 그들을 거세시켜야 할 것이다.

하녀와 잠을 자고, '조카'라고 부르는 아이들이
있다.

──"그렇다고 해도, 어쨌든 훌륭한 사제들도 있
어요."

사진 회화의 자리를 빼앗을 것이다.

사촌 남편들에게 '사촌동생'을 경계하라고 충고할 것.

사치 국가를 망친다.

사투르누스제[58]

　　집정 내각의 축제.

사트라프(고대 페르시아 제국의 태수)

　　부유하고 방탕한 사람.

사포풍과 아도니스풍[59](의 시구)

　　문학 비평에 있어서 탁월한 효과.

사혈(瀉血)하다

　　사혈은 봄에 해야 한다.

사형 집행　　그것을 보러 오는 여자들에 대해 한탄할 것.

사형 집행인　언제나 아버지에게서 아들로.

사회　　사회의 적들.

　　사회의 파멸을 야기하는 것.

산문　　운문보다 짓기 쉽다.

산보　　저녁 식사 후에는 언제나 산보를 해야 한다. 그래
　　야 소화가 잘 된다.

산업　　상업보다 더 고상한 직업('상업'을 볼 것).

산업. 상업　훌륭한 직업. 모든 것을 가능하게 한다.

　　예 : 아리스토텔레스는 아테네에서 향수 장수였다.

산적　　산적은 언제나 '사납다'.

산토끼　　눈을 뜨고 잔다.

살구　　올해는 아직 살구가 없을 것이다.

살롱(을 드나들다)

　　그 사람의 평판을 매우 높여주는 문학적인 데뷔.

귀부인의 살롱.

살무사 클레오파트라의 무화과 바구니에 의해 알려진 동물.

살쾡이 그 눈이 주목을 끄는 동물.

삶은 고기 건강에 좋다.

수프 다음에 나온다 : 수프와 삶은 고기.

맛좋은 삶은 고기는 좋은 것이다.

삼류 귀족 시골의 삼류 귀족.

그들에 대해 극도의 경멸을 나타낼 것.

삼중망 언제나 '어둡고' '뚫고 들어갈 수 없는' 특성을 보인다.

삽입 음탕한 단어.

상감(象嵌) 나전에 대해 말할 때만 쓰인다.

상상력 언제나 '생생하다'.

그것을 경계해야 한다.

상상력이 없을 때는 다른 사람들의 상상력을 헐뜯어야 한다.

소설을 쓰기 위해서는 상상력이 있으면 충분하다.

상아 치아에 대해서 말할 때만 사용된다.

상업 상업과 신업 중에서 어느 것이 더 고상한지를 알기 위한 논쟁.

자유 무역 등.

상형 문자	이집트인들의 옛 언어.
	이집트의 옛 사제들이 자기들의 비밀을 감추기 위해 만들어낸 불가사의한 글씨체.
	"상형 문자를 이해하는 사람들이 있다니!"
	"어떻게 그걸 증명하죠? 혹시 허풍이 아닐까요?"
새	한 마리 새가 되기를 바라는 것, 그리고 "날개, 날개"라고 한숨을 쉬며 말하는 것은 시적인 정신을 드러내준다.
새침한	'뻣뻣한'이라는 말을 언제나 앞에 붙일 것. 뻣뻣하고 새침한.
새해 선물	그것에 대해 분개할 것.
색욕	육체적인 욕망을 표현하기 위한 신부(神父)의 단어.
생각하다	고통스럽다. 생각을 강요하는 것들은 대개 단념하게 된다.
생김새	기분 좋은 생김새는 가장 확실한 여권이다.
생트 뵈브[60]	저녁 식사 때 오로지 돼지고기만 먹는 날인 성 금요일의 전설을 믿을 것.
생트 주느비에브회 수도사	
	사람들은 그것이 무엇인지 모른다.
샤르트르회 수도사	
	자기들의 무덤을 파고, 수도원을 만들고, "형제들이여, 죽어야 하오"라고 말하면서 평생을 보낸다.

샤토브리앙[61]

> 특히 그의 이름과 똑같은 비프스테이크 때문에
> 잘 알려져 있다.

샴페인   기념 만찬의 특징을 드러내준다.

> 평민들의 집에서는 열광을 불러일으킨다.
> 마개가 튀어 오르는 그 순간에 회식자들은 분명
> 흥분에 사로잡힌다. 사람들은 더 이상 제정신이
> 아니다.
> 약삭빠른 연인들은 결코 샴페인을 마시지 않는
> 다.
> "이건 술이 아니에요"라고 말하면서 샴페인을 싫
> 어하는 체할 것.
> 러시아가 프랑스보다 샴페인을 더 많이 소비한
> 다. 그 나라에 프랑스적인 사고가 널리 퍼져 있는
> 것은 바로 샴페인 때문이다.
> 오를레앙 공 필리프의 섭정 시대에는 사람들이
> 샴페인을 마시는 것 이외의 다른 일은 하지 않았
> 다.
> 하지만 사람들은 샴페인을 마시는 것이 아니라
> '단숨에 꿀꺽 삼킨다'.

서가   주로 시골에서 사는 경우에는 집에 늘 서가가 있
> 다.

서간체 장르   오직 여자들만 사용한다.

서류 　　　서류는 언제나 '매우 중요하다'.

　　　　　　체포된 음모자들은 늘 가장 위험한 서류를 지니

　　　　　　고 있다.

서명 끝의 장식 글자

　　　　　　복잡하면 복잡할수록 더 아름답다.

서양 삼나무 　'자르댕 데 플랑트' 식물원의 서양 삼나무는 모

　　　　　　자에 담겨 옮겨졌다.

서클 　　　언제나 한 서클에 참여해야 한다.

선고하다 　예쁜 동사.

선교사 　　모두 잡아먹히거나 십자가에 못 박혀 죽는다.

선물 　　　선물의 가치가 선물의 가격을 정하는 것은 아니

　　　　　　다. 혹은 선물의 가격이 선물의 가치를 정하는 것

　　　　　　은 아니다.

　　　　　　"선물은 아무것도 아니에요. 중요한 것은 마음이

　　　　　　죠."

선박 　　　바욘에서만 선박을 잘 제조한다.

선반 　　　예쁜 여자의 집에 꼭 필요하다.

선천적인 (관념)

　　　　　　조롱할 것.

설탕을 넣다 　커피를 달게 한다.

섭정 기간 　사람들은 야회에서 밤참을 먹는 일만 했다.

섭조개 　　섭조개는 언제나 소화가 잘 안 된다.

성교 　　　피해야 할 단어.

"그들은 관계를 맺었어요……"라고 말할 것.

성 바르톨로메오 축일의 학살[62)

오래된 허풍.

성벽 　모든 경건한 말에 이 단어를 집어넣을 것 : '이 성
　　　　벽 안에는.'

성서 　세상에서 가장 오래된 책.

성직 　예술은 성직이다.

　　　　의학도 그렇고,

　　　　기자직도,

　　　　공증인의 직무도──그리고 대체로 모든 직업이
　　　　그렇다.

성질 　성질이 날 때는 언제나 즐겨야 한다. 그리고 우리
　　　　몸이 그토록 많은 양의 성질을 지닐 수 있다는 것
　　　　에 놀라야 한다.

성채 　필리프 오귀스트 시대에는 언제나 포위 공격을
　　　　받았다.

세관 　세관에 항의해야 하고 세관을 속여야 한다.

세네카[63) 　그가 파리 출신이었나?

　　　　황금 책상 위에서 글을 썼다.

세비야 　이발사로 유명하다.

　　　　세비야를 보고 죽으라('나폴리'를 볼 것).

　　　　"누가 세비야를 보지 않았는가" 등(스페인어로).

세인트헬레나 섬
바위로 잘 알려진 섬.

소굴 도둑들의 일상적인 주거지.

언제나 뱀으로 가득 차 있다.

소금 그릇 소금 그릇을 엎으면 불행이 온다.

소설 소설은 대중을 타락시킨다.

신문 소설이 단행본 소설보다 더 비도덕적이다.

오직 '역사' 소설만 허용될 수 있다. 역사 소설은
역사를 가르쳐주기 때문이다. 예 : 《삼총사》 등.

메스 끝으로 씌어진 소설도 있다. 예 : 《보바리
부인》.

또 어떤 소설들은 바늘 끝을 화제로 삼는다.

소유권 사회의 토대 중 하나.

종교보다 더 신성하다.

소유자 인류는 소유자와 차용자라는 두 계층으로 크게
나뉜다.

──"당신은 어떤 신분이지요?"──"소유자입니
다."

소지품 무엇보다 중요하다. 여자는 자기 소지품에 대해
말하는 것을 피해야 한다.

삶에는 더 중요한 것이 있다.

"모든 것이 거기 있다!"

속아넘어간 사람

속아넘어간 사람보다는 사기꾼이 낫다.

손 아름다운 손을 가지고 있다는 것은 글씨를 잘 쓴다는 뜻이다.

손가락 신의 손가락은 어디든지 들어간다.

손발 씻기 '성자의 발을 씻는' 의식에 대해 말할 때만 쓰인다.

손해와 이익 언제나 손익을 물을 것.

솜 특히 귀에 유익하다.

센 강 하류에서 사회의 근본을 이루는 것 중의 하나.

송로버섯 아내가 몸이 편치 않을 때는 송로버섯 먹는 것을 삼갈 것.

송브뢰유[64] 피의 잔.

쇠약 언제나 '너무 일찍 찾아온다'.

약해진 사람에게 하는 충고.

수달 작은 육식 동물로, 그 가죽이 모자와 조끼를 만드는 데 쓰인다.

수도회원 오난[65]의 기사.

수령초fuchsia

'플뤽시아' 라고 발음해야 한다.

(지나친) 수면(睡眠)

피를 진하게 만든다.

수염	힘의 표시.
	수염이 너무 많으면 머리카락이 빠진다.
	넥타이를 보호하는 데 유용하다.
	다양한 형태의 자르기.
수영복	매우 자극적이다.
수은	질병과 환자를 다 같이 죽인다.
수입	국가 무역을 좀먹는 벌레.
수재민	항상 루아르 강에서 생긴다.
수줍음	여자의 가장 아름다운 장식품.
수탉	마른 남자는 좋은 수탉[66]은 절대로 살찌지 않는
	법이라고 항상 말해야 한다.
수학	마음을 냉정하게 만든다.
순교자	초기의 모든 기독교인들은 순교자였다.
순진함	언제나 '숭배할 만하다'.
	사람들은 너무 순진하기만 하거나 아니면 전혀
	순진하지 않다.
숨결	'강한' 숨결은 우아한 분위기를 준다.
	파리 떼에 대한 암시를 피하고, 그것이 위(胃)에
	서 비롯된다고 단언할 것.
숫처녀	'오를레앙의 처녀' 잔 다르크에게만 사용된다.
숲	커다란 숲은 몽상에 잠기게 한다.
	시를 짓기에 적당하다('경치'를 볼 것).
	가을에는 '숲의 잔해, 낙엽……'이라고 말할 것.

스카프	시적이다.
스퀴데리[67]	읽어보지 않고도 조롱할 옛 작가.
	여자인지 남자인지도 모르는 채로 조롱해야 한다.
스튜어트 (메리)[68]	
	그녀의 운명을 불쌍히 여길 것.
스파이	모두 경찰이다.
습관	항상 '제2의 성격이다' 라는 말을 덧붙여야 한다.
	중학교의 습관은 '나쁜 습관' 이다.
	파가니니처럼 습관으로 바이올린을 연주할 수 있다.
습기	모든 질병의 원인.
시	완전히 무익하다.
	시대에 뒤떨어진 것.
시계	시계는 제네바산일 때만 훌륭하다.
	——"당신 시계는 잘 갑니까?"
	——"시계가 태양을 조절하지요."
	마법에서는 한 인물이 시계를 꺼내면, 그것은 틀림없이 양파이다—— 이 농담은 효력이 있다.
시골	시골에서는 모든 것이 허락된다.
	항상 편히 있어야 한다.
	화장실이 없다—— 예복을 벗어버린다.
	소란스러운 즐거움——농담을 한다.

바닥에 앉는다——파이프를 피운다.

시골 사람들이 도시 사람들보다 더 좋다. 그들의
운명을 부러워할 것.

시금치	시금치는 소화와 변통을 좋게 하는 음식이다. 프뤼돔의 유명한 문장을 결코 놓치지 말 것 : "나는 그것을 좋아하지 않는다. 그래서 대단히 기쁘다. 만약 내가 그것을 좋아한다면 먹을 텐데, 나는 그것을 참을 수 없으니까"(이 말이 아주 논리적이라고 생각하고 웃지 않을 사람들도 있다).
시기	'혁명 시기.' 언제나 시작되어 있다. 정부마다 그것을 끝내겠다고 약속하니 말이다.
시대	우리 시대. 시대를 반박할 것——시대가 시적이지 않다고 한탄할 것. "과도기적인 시대, 쇠퇴의 시대!"라고 부를 것.

시바리스[69]인 비난할 것.

시인	몽상가와 멍청이의 동의어.
시장	시의 행정관이라고 불릴 때 모욕받았다고 생각한다. 언제나 그들을 조롱할 것.
시청 간부	도로 포장 공사에 대해 비난할 것——대체 우리 시청 간부들은 무슨 생각을 하고 있는 거야?
식당	식당에서는 언제나 평상시에 집에서 먹지 않는

요리를 주문해야 한다──난처할 때는 옆사람들이 먹는 것과 똑같은 요리를 선택하면 된다.

식물   식물과 비슷하게 생긴 인체 부분들을 치료해준다.

(우리의) 식민지

이에 대해 말할 때는 슬퍼할 것.

식민지 태생의 백인

해먹에 틀어박혀 산다.

식욕   식욕을 주는 것.

신(神)   볼테르 자신이 신을 이야기했다 : "신이 존재하지 않는다면 신을 만들어내야 할 것이다."

신경병   언제나 얼굴을 찌푸린다.

신경성   "신경성이군!"

질병에 대해서 아무것도 이해할 수 없을 때면 반드시 그렇게 이야기한다.

그리고 듣는 사람은 만족한다.

신문   현대 사회에서의 신문의 중요성. 예 : 《르 피가로》. 신문에서 하는 말을 믿으면서도 언제나 탄핵해야 한다.

'진지한' 신문들 : 《라 르뷔 데 되 몽드》, 《레코노미스트》, 《르 주르날 데 데바》. 이런 것들이 거실 테이블 위에 굴러다니게 내버려두어야 한다. 그러나 먼저 신문을 오려놓도록 신경을 써야 한다. 몇몇 문장에 붉은 색연필로 표시를 해두는 것 역시 아주 좋은 효과를 낸다.

아침에는 진지하고 심각한 신문 기사를 읽고, 저녁때 사교 모임에 참석해서는 미리 연구한 주제로 대화를 교묘히 이끌어 이목을 끌도록 할 것.

신문 소설 신문에 연재되는 소설은 단행본보다 읽기에 훨씬 도덕적이다.

부도덕의 원인.

있을 법한 결말을 두고 다툴 것.

아이디어를 주기 위해 작가에게 편지를 쓸 것.

자기 이름과 비슷한 이름을 발견할 때의 분노.

신사 상황에 따라서 이탈리아어로 '갈란투오모' 또는 영어로 '젠틀맨'이라고 말할 것.

신성 모독 아름다운 나무를 쓰러뜨리는 것은 신성 모독이다.

신앙심이 없는 사람

비난할 것.

신어 사용 프랑스어의 파멸.

신을 죽인 죄 비록 그 죄가 보편적인 것이 아니라 하더라도 그것에 분개할 것.

신의 섭리 신의 섭리가 없었다면 우리는 어떻게 되었을까?

실천 이론보다 뛰어나다.

실편백[70] 묘지에서만 자란다.

실험실 시골에서는 하나씩 가지고 있어야 한다.

심벌즈	언제나 '잘 울려 퍼진다'.
13	식탁에 13인이 앉는 것을 피할 것. 그것은 불행을 가져다 준다.
	자유 사상가들은 다음과 같은 농담을 하는 것을 결코 잊지 않을 것이다 : "그거야 아무러면 어떻소. 난 2인분을 먹을 텐데." 또는 만약 부인들이 있다면 그중 임신한 사람이 없는지 묻는다.
십자가	규방에 잘 어울린다. 그리고 단두대에도.
십자군	단지 베네치아의 상업에만 유익하다.
쓰다	쓰기 위해 필요한 모든 것.
	붓 가는 대로 쓰다. 이것은 문체나 철자상의 오류에 대한 변명이다.
씌어진 것	'잘 씌어진 것', 신문 소설과 학생들의 공책을 두고 하는 문지기의 말.
씨앗	사상의 씨앗.
	씨앗 하나하나를 차근차근 설명하다.
	열정의 씨앗.

〔ㅇ〕

아가씨   모든 아가씨들은 '창백하고' '연약하다'.

언제나 '순수하다'.

아가씨들을 위해서는 모든 종류의 책, 박물관과 극장, 특히 식물원과 원숭이 옆에 가는 것을 피할 것.

아가씨──이 단어는 수줍게 발음할 것.

아듀   퐁텐블로 숲에서의 아듀[71]에 대해 말하면서 목소리에 눈물을 담을 것.

아르키메데스 "유레카."[72]

"지레의 받침점을 내게 주세요. 그럼 내가 세상을 들어 올리지요."

'아르키메데스 양수기'도 있다.

그에 대해 더 많이 알 필요가 없다.

아메리카 부당함의 좋은 예. 아메리카를 발견한 사람은 콜럼버스인데 아메리고 베스푸치의 이름을 땄다.

아메리카가 발견되지 않았다면 우리에게는 매독과 포도나무 뿌리 진디도 없었을 것이다.

어쨌든 특히 아메리카에 가보지 않았을 때는 아메리카를 찬양한다.

'자치(自治)'에 대한 장광설.

아벨라르[73] 그의 철학 사상을 조금이라도 생각하는 것, 심지

어 그의 저서의 제목을 아는 것조차 불필요한 일
이다.

플베르가 실시한 절단을 은밀히 암시할 것.

엘로이즈와 아벨라르의 무덤. 그에게 잘못이 있
다는 것을 사람들이 당신에게 증명한다면 "내게
서 환상을 앗아가는군요!"라고 소리칠 것.

아이들　　아이들에 대해 서정적인 애정을 가장할 것——사
　　　　람들이 있을 때.

아이스크림　아이스크림을 먹는 것은 아주 위험하다.

아이스크림 장수
　　　　아이스크림 장수들은 모두 나폴리 사람이다.

아첨꾼　　다음을 인용하는 것을 절대 놓치지 말 것 :
　　　　"가증스러운 아첨꾼들, 하늘의 분노가 인간에게
　　　　내린 가장 고약한 선물."
　　　　또는
　　　　"모든 아첨꾼은 자기 말을 듣는 사람의 신세를 지
　　　　며 산다."

아침 일찍 일어나는 사람
　　　　아침 일찍 일어나는 사람——도덕성의 증거. 새
　　　　벽 네 시에 잠들어 여덟 시에 일어나면 게으른 사
　　　　람이지만, 저녁 아홉 시에 잠자리에 들어서 다음
　　　　날 다섯 시에 일어나면 활동적인 사람이다.

아카데미 프랑세즈	
	비방할 것, 그러나 가능하면 그 일원이 되도록 애쓸 것.
아크네[74]	멸종된 중세의 하얀 동물.
아킬레우스[75]	'빠른 발'이라는 말을 덧붙일 것. 그러면 사람들에게 호메로스를 읽었다는 인상을 줄 것이다.
아파트	남자의 아파트는 모든 것이 더럽고 먼지로 덮여 있고 뒤죽박죽일 수밖에 없다. 음화가 벽을 덮고 있고, 여자의 싸구려 장신구가 가구 위에 나뒹굴고, 담배 냄새가 나고, 침대는 늘 흐트러져 있다. 거기서는 틀림없이 기이한 것을 발견하게 된다.
악덕 경관	사나운 공화주의자들이 경찰을 이렇게 일컫는다.
악마	'악마처럼 지독한 추위이다'라는 표현에서만 사용할 것.
악마적인	모든 쓴웃음에 대해서 이렇게 말해야 한다.
악몽	위(胃)에서 비롯된다.
악어crocodile	'코코드릴'이라고 발음하지 말 것.
	사람을 유인하기 위해 어린애의 울음소리를 흉내낸다.
	가죽이 장갑을 만드는 데 아주 좋다.
	악어의 눈물.[76]
안드로클레스[77]	
	맹수를 길들이는 사람과 관련해 안드로클레스의

사자를 인용한다.

안락 의자   현대의 귀중한 발견.

알로에   대포의 충격.

알비옹[78]   언제나 '보수적이고 신의 없고 현실적'이라는 말
              이 선행된다.

              나폴레옹이 정복할 뻔했다.

              칭찬을 한다면 '자유로운 영국'이라고 할 수 있다.

알아들을 수 없는 말

              외국인에 대해 말하는 방식.

              프랑스어를 잘 못하는 외국인을 언제나 비웃는다.

알제리 주둔 경보병

              보병의 특이한 원통형 군모(오래된 것이지만 언
              제나 웃음을 자아낸다).

알코올 중독   모든 질병의 원인('압생트'와 '담배'를 볼 것).

알키비아데스[79]

              그의 개의 꼬리로 유명하다.

              방탕한 위인으로, 아스파시아[80]와 교제했다.

암살자   설사 용감하고 대담하다 하더라도 언제나 '비겁
              하다'.

              방화범보다는 죄가 가볍다.

암컷   동물에 대해 말할 때만 써야 한다.

              인간의 경우와는 반대로, 동물들의 암컷은 수컷
              보다 아름답지 않다. 예를 들 것 : 꿩, 닭, 사자 등.

압살롬[81]	가발을 쓰고 있었다면 요압이 그를 죽일 수 없었을 것이다.
	대머리 친구에게 붙여주는 익살스러운 이름.
압생트[82]	아주 강한 독——한 잔 마시면 죽는다.
	신문 기자들은 기사를 쓰는 동안 이것을 마신다.
	프랑스 군대는 이것 때문에 멸망할 것이다.
	베두인[83] 사람들보다 더 많은 병사들을 죽였다!
앙리 3, 4세	이 군주들에 대해 말할 때는 잊지 말고 "모든 앙리들은 불행했다!"라고 소리쳐야 한다.
야금(冶金)	아주 멋지다.
야망	'고상하지' 않은 야망에는 언제나 '광적인'이라는 말이 선행된다.
야심가	시골에서는 사람들의 입에 회자되는 모든 사람을 일컫는다.
	"난 야심가가 아니에요, 난!"이라는 말에서 야심가는 '이기주의자 또는 무능한 사람'을 뜻한다.
야회의 밤참	섭정 기간의 야회 밤참 : 꽃, 빛, 반쯤 벌거벗은 여자들 등…….
	거기서는 재치와 샴페인이 넘쳐흘렀다.
얀센주의	무엇인지는 모르지만, 그것에 대해 말하는 것은 매우 멋진 일이다.
얇은 가죽	공을 만드는 데만 쓰이는 것은 아니다.
양도	절대로 해서는 안 되는 일. 그것 때문에 루이 16

세가 파멸했다.

양말 대님   상류층에 속할 때는 양말 대님이 언제나 무릎 위에 있어야 하고, 서민층 여자들에게서는 무릎 아래에 있어야 한다.

여자는 그런 사소한 옷차림도 결코 무시해서는 안 된다. 이 세상에는 무례한 자들이 많기 때문이다.

양식   중학교에서는 언제나 '건강에 좋고 풍족하다'.

어릿광대   어린 시절부터 몸이 자유자재로 휜다.

어원   라틴어를 가지고 조금만 생각하면 그보다 찾기 쉬운 것은 없다.

언어   외국어는 사용해야 빨리 배우게 된다.

프랑스의 불행은 사람들이 외국어를 충분히 알지 못한다는 데 기인한다.

얼굴   '영혼의 거울', 그래서 아주 흉한 영혼을 가진 사람들이 있다.

엄한 취조   사람들은 자신의 죄를 과장했다.

엉터리 기자   신문 기자들은 엉터리 기자들이다.

'하층 사회의'라는 말이 덧붙여지면 최고의 경멸이다.

에나멜   그 비결이 사라졌다.

에미르(이슬람 교단의 수장)

아브드 엘 카데르[84]에 대해서만 이렇게 일컬어

진다.

에트루리아의 모든 고대의 단지는 에트루리아의 단지이다.

에피쿠로스[85] 그에 대한 경멸.

여름 여름은 덥든 춥든, 건조하든 습기가 많든, 언제나 '이례적이다'.

여배우 가문의 파멸.

그녀들은 환상적인 음란성을 지니고 있다. 낮에는 잠자고 밤에는 대향연을 벌이며, 수없이 먹고, 마침내 보호 시설로 가게 된다.

"미안해요! 그중에는 집안의 좋은 어머니들도 있는데."

여자 사람의 성별.

여자에게 적합한 것.

여자의 현실적 중요성.

'내 여자'라고 말하지 말고 '내 아내'라고 말하라. 또는 '내 반쪽'이라고 말하면 더욱 좋다.

아담의 갈비뼈 하나.

여자 화장실 상상력을 자극한다.

여행 신속하게 이루어져야 한다.

여행객 언제나 '대담하다'.

"당신 정말 대담한 여행객이군요."

철도용 말투로는 언제나 '신사 여러분'이 뒤에 붙는다.

"여행객 신사 여러분."

역   철도역에 대해 경탄할 것.

    건축술의 모델로 역을 제시할 것.

역마차   사람들은 역마차 시절을 그리워한다.

연가(戀歌)   연가를 부르는 가수, 번민하는 남자의 이상적인
     모습.

    때때로 딸들 못지 않게 엄마들도 마음에 들어한
    다.

연극의 중심지

    코메디 프랑세즈──오페라 극장.

연민   항상 가지고 있을 것.

연속 포격   날씨를 바꾸어놓는다.

    연속 포격이 멀리서 있을 때는 땅에 귀를 대면 그
    소리가 들린다.

연회   직업적인 연회. 거기서는 끊임없이 가장 솔직한
    온정이 넘친다. 사람들은 언제나 가장 좋은 추억
    을 만들고, 반드시 다음해에 만날 약속을 하고야
    서로 헤어진다.

    민주적인 연회. 언제나 송아지 고기와 샐러드가
    있다.

    발전시켜야 할 여러 종류의 연회 : 군대 연회, 아
    카데믹한 연회, 옛 학생들의 연회, 생일 축하 연회.
    '인생의 연회에 초대된 불우한 회식자' ……

열	열이 나게 하는 모든 것 : 자두, 멜론, 4월의 햇볕 등.
	"그것은 피의 힘이다."
열광	언제나 '묘사할 수 없다'. : 신문에서는 두 단에 걸쳐서 그것에 대해서만 말한다.
	황제의 유해가 돌아오는 것에 의해서만 야기될 수 있다.
염려	염려가 '심하면' 그만큼 더 깊이 골몰해서 꼼짝도 하지 않는다.
영감	영감을 불러일으키는 것들 : 자연, 여자들, 포도주 등.
영광	희미한 연기(煙氣)에 불과하다.
영국 남자	모두 부자이다…….
영국 여자	그녀들에게 그토록 예쁜 아이들이 있다는 게 놀랍다.
	늙은 영국 여자들은 언제나 못생겼다.
영국 정원	프랑스식 정원보다 더 자연스럽다.
영성체	첫 영성체 : 인생의 가장 아름다운 날.
영아 살해	서민들 사이에서만 저질러진다.
영웅 계층	혁명 정부의 화재에 대한 모든 대화에서 사용할 것.
예쁜	'아름다운' 모든 것에 대해 사용한다.
	"너무나 예쁘군요!"는 최대의 감탄이다.

예산안	절대로 균형을 이루지 못한다.
예수회 수도사	
	로욜라의 아들.
	그들은 모든 혁명에 관여하고 있다.
	사람들은 어떤 예수회 수도사가 있는지 예측하지 못한다.
	'예수회 수도사들의 전투'에 대해서 말하지 말 것.
예술	보호 시설로 이끈다.
	무슨 쓸모가 있을까? '더 잘, 더 빨리' 만드는 기계 장치로 대체되고 있으니.
	미술.
	왕자-의장의 일화, 세상이 의장으로 있었던 위원회.
	미술, 산업 예술.
예술가	그들이 하는 모든 말을 비웃어야 한다.
	모두 허풍쟁이들. 자기들의 무사무욕을 과장한다.
	그들이 (나이 든) 모든 사람들처럼 옷을 입고 있다는 것이 놀랍다.
	여자 예술가는 창녀에 불과하다. 유식한 체하는 여자.
	엄청난 돈을 벌지만, 그 돈을 창문으로 내던진다.

그들이 하는 일은 '일하다' 라고 불릴 수 없는 것이다.

예술 학교   예술 학교의 가입자가 되는 것은 꼭 필요한 일이다.

종종 도시의 저녁 식사에 초대된다.

예외   예외가 '규칙을 확인시켜준다' 고 말하라. 어째서 그런지 설명하는 위험을 감수하지 말라.

오데옹 극장   그 먼 거리와 고독에 대한 농담들.

오락   '오락' 은 어떤 사람들에게는 수치스럽고, 또 어떤 사람들에게는 자연스럽다.

오리   모두 루앙 지방에서 나온다.

순무가 곁들여질 때만 좋다.

오메가   그리스 알파벳의 두 번째 글자.[86] 사람들이 알파와 오메가라고 말하니까.

오스포다르[87]   '동양 문제' 에 관한 문장에서 잘 어울린다.

오아시스   사막의 여인숙.

오쟁이진 남편

여자들은 모두 자기 남편을 오쟁이진 남편으로 만드는 게 틀림없다.

오케스트라   사회의 판박이. 각자 자기 파트를 담당하고 지휘자가 있다.

오페라(의 무대 뒤)

마호메트의 지상 천국이다.

오펜바흐[88] 그의 이름을 듣자마자 오른쪽 손가락 두 개로 눈
을 덮어 눈이 나빠지는 것을 막을 것.

전형적인 파리 사람——건강이 좋다.

올리브 기름 결코 좋지 않다.

작은 올리브 기름 통을 당신에게 갖다 줄 마르세
유 친구가 한 명 있어야 한다.

옴 건강의 표시.

왈츠 왈츠에 대해 분개할 것.

오직 늙은 여자들만 추어야 할 음탕하고 불순한
춤.

외과 의사 외과 의사들은 냉정하다.

그들을 '정육점 주인'이라 부를 것.

외교관직 훌륭한 직업이지만 어려움이 많다.

비밀로 가득 차 있다.

외교관은 언제나 세련되고 예리한 사람이다.

그들이 무엇을 하는지 사람들은 정확히 모른다.

막연한 직업이지만 보통 수준 이상이다.

고상한 사람들에게만 어울린다.

외국인 언제나 '고상한'이라는 말이 앞에 붙는다.

외국에서 온 모든 것에 대한 열광 : 폭넓고 자유
로운 정신의 증거. 프랑스 것이 아닌 모든 것에
대한 험담 : 애국심의 증거.

외설 그리스어나 라틴어에서 파생된 모든 학문적인 단

어들에는 외설이 숨겨져 있다.

외투　　　여자의 환심을 사려는 무모한 행동을 위해서 언제나 '벽토색'이다.

왼손잡이　검술이 굉장하다. 오른손을 쓰는 사람보다 더 재주가 있다.

요리　　　식당의 요리는 언제나 '변비증을 일으킨다'.

　　　　　부르주아의 요리는 언제나 '건강에 좋다'.

　　　　　남부 지방의 요리는 '너무 향료가 많이 들어갔거나' '온통 기름투성이'이다.

　　　　　스튜는 자기 집에서 먹는 것만 좋다.

욕설　　　언제나 피로 갚아야 한다.

　　　　　치명적인 욕설.

우두　　　우두를 맞은 사람들하고만 사귈 것.

우비　　　옷으로는 매우 편리하다.

　　　　　발한을 막기 때문에 아주 해롭다.

우상 숭배자　야만적이다.

우수(憂愁)　함양된 지력과 품위 있는 마음을 나타내는 표시.

(아드) 우숨[89]　어떤 한 문장에 잘 어울리는 라틴어 어법. '아드 우숨 델피니'라는 말은 언제나 델핀이라 불리는 여자에 대해 말할 때 사용되어야 할 것이다.

우스꽝스러운　아주 적절하게 사용되어야 한다.

　　　　　"그거 우스꽝스럽군요!"

우유　　　굴을 녹인다.

뱀을 유인한다.

피부를 하얗게 만든다. 매일 아침 우유로 목욕을 하는 첩들이 있다.

운(韻) 결코 이성과 일치되지 않는다.

운동 건강을 유지시켜준다. 운동을 많이 할 것.

모든 질병으로부터 보호해준다.

운명 전적으로 낭만적인 단어.

'운명적인 사람'은 한쪽 눈이 나쁜 사람을 일컫는다. "오펜바흐는 운명적인 사람이다."

운율 사전 그것을 사용한다고? 수치스러운 일!

웃음 웃음은 언제나 '떠들썩하다'.

원리 언제나 이론의 여지가 없다.

그 성격도, 그 숫자도 말할 수 없다. 어쨌든 신성한 것이다.

월계수 잠자는 것을 방해한다.

위(胃) 모든 질병은 위에서 비롯된다.

위고 "위대한 시인, 그가 정치를 했다니 유감 천만이다!"

위생 언제나 '잘 알고 있어야' 한다.

위생은 질병으로부터 보호해준다──그것이 질병의 원인이 아닐 때는.

위폐 제조자 위폐 제조자들은 언제나 지하에서 일한다.

유곽[90] 관대한 견해를 가진 사람들이 있는 집이 아니다.

유리	모든 유리는 생고뱅[91]에서 나온다.
유물론	음절 하나하나를 힘주어 강조하면서 공포를 느끼며 이 단어를 발음할 것.
유성	모든 유성은 르 베리에[92] 씨에 의해 발견되었다.

유식한 체하는 여자

예술품에 관심을 갖는 모든 여자들을 가리킬 때 쓰는 경멸적인 말.

그 증거로 몰리에르를 인용할 것 : '정신적인 능력이 높아질 때' 등.

유심론	유일한 철학적 체계.
유태인	이스라엘의 아들.

유태인들은 모두 오페라 글라스 상인들이다.

유형수   유형수들은 언제나 교수대에 오를 만한 악당 같은 얼굴을 하고 있다.

그들의 얼굴에 죄가 씌어 있다.

모두들 매우 손재주가 있다 : 그들은 코코넛으로 조각을 하고, 작은 밀짚 바구니를 짜는 등의 일을 한다.

유형수 수용소에는 천재적인 사람들이 있다.

윤곽   동상을 살펴볼 때는 그 앞에서 "이건 윤곽이 뚜렷하지 않아요!"라고 말해야 한다.

윤여(閏餘).[93] 황금 수

달력 위의 주일(主日) 문자. 사람들은 그게 무엇

인지 모른다.

(분파의) 융합 언제나 그것을 바랄 것.

은유　　　　　문체에 좋지 않은 결과.

은판 사진기　회화를 대신할 것이다.

은행가　　　모두 부자다.

　　　　　　지독한 고리대금업자. 탐욕스러운 사람.

음악　　　　품성을 부드럽게 한다. 예 : '라 마르세예즈.' [94]

　　　　　　많은 것들을 생각하게 한다.

음악가　　　진정한 음악가의 특성은 어떤 음악도 작곡하지
　　　　　　않고 어떤 악기도 연주하지 않으며 대가들을 경
　　　　　　멸하는 것이다.

음악 애호가　맡아놓고 오페라에 가는 매우 부유한 사람.

음악회　　　훌륭한 오락.

음유 시인　　볼품 없는 장식품.

의과 대학생　시체 옆에서 저녁을 먹고 잠을 잔다.

　　　　　　시체를 먹는 의과 대학생도 있다.

의무　　　　다른 사람들은 당신에 대해서 의무가 있지만 당
　　　　　　신은 다른 사람들에 대해서 의무가 없다.

의복　　　　"의복이 수도자를 만드는 것은 아니다"라는 속담
　　　　　　의 경우 외에는 '예복' 이라고 말해야 한다. 그리고
　　　　　　이 속담의 경우에는 '수도복' 이라고 말해야 한다.
　　　　　　지방에서는 중요하다.

　　　　　　의식(儀式)과 혼란의 마지막 용어!

의사	언제나 '훌륭한' 이라는 말이 앞에 붙고, 친숙한 대화에서는 '제기랄!' 이라는 말이 앞에 붙는다. "아! 제기랄, 의사라고!"
	그는 당신의 신임을 얻고 있을 때는 대단한 인물이고, 당신과 사이가 나빠지자마자 얼간이에 불과하게 된다.
	모두 유물론자들. "메스 끝에서는 신앙을 찾을 수 없기 때문이다."
의심	부정보다 더 나쁜 것.
의용병	적보다 더 무시무시하다.
의학	건강할 때는 무시한다.
이	능금주와 담배가 이를 상하게 한다──당과와 설탕과 아이스크림을 먹는 것, 입을 벌리고 자는 것, 진한 수프를 먹은 후에 이어서 술을 마시는 것 등.
	윗송곳니 : 눈과 관련이 있기 때문에 이것을 뽑는 것은 위험한 일이다.
	사랑니.
	이를 뽑는 것은 '즐거운' 일이 아니다.
이공과 대학	모든 어머니들의 꿈(구식).
이기주의	다른 사람들의 이기주의는 한탄하면서 자기 자신의 이기주의는 깨닫지 못한다.
이마	넓은 대머리 이마는 천재성과 대담성의 표시이다.

이미지	언제나 시에 너무 많다.
이발사	'외과 의사 겸 이발사 조수'에게 갈 것.
	피가로.
	루이 11세의 이발사.
	옛날에는 피를 흘리게 했다——시골에서.
이브토[95]	이브토를 보고 죽으라!
이상(理想)	완전히 무익하다.
이웃 사람	그들에게 도움을 받으면 뭔가 대가를 치르도록 노력할 것.
이탈리아	모든 신혼 여행의 목표지.
	이탈리아! 이탈리아!
	많은 실망을 안겨준다. 사람들이 말하는 것처럼 그렇게 아름답지 않다.
이탈리아 사람	모두들 배반자.
이폴리트[96]	이폴리트의 죽음, 당신이 제시할 수 있는 이야기의 가장 아름다운 예.
	모두들 이 부분은 외우고 있어야 할 것이다.
이혼	만약 나폴레옹이 조제핀과 이혼하지 않았다면 그는 아직도 왕좌에 있을 것이다.
익명	여행 중인 왕자들의 복장.
인쇄물	인쇄된 모든 것은 믿어야 한다.
	인쇄된 그의 이름을 보라! 범죄를 저지르는 인쇄

물도 있고, 단지 그 자체를 위한 것일 뿐인 인쇄물도 있다.

인쇄술　경이로운 발견.

좋은 일보다 나쁜 일을 더 많이 한다.

일리아스　언제나 '오디세이아'가 따라다닌다.

일본　일본에서는 모든 것이 도자기로 되어 있다.

일요일　소들은 일요일의 습관을 버릴 수 없었다.

일제 사격　파리인들을 입 다물게 하는 유일한 방법.

읽을 수 없는　의사의 처방전은 '읽을 수 없는' 것일 때만 효과적이다.

모든 공식적인 서명(署名)은 읽을 수 없는 것이어야 한다. 개인에게 있어서도 마찬가지이다. 그것은 서신 왕래에 지쳐 있음을 알려준다.

입가심용 물 그릇

집안의 부의 표시.

잉크병　언제나 의사에게 선물로 주어진다.

자갈   바다에서 가져오는 것!

자궁   외음부와 비슷한 말.

자리   언제나 자리를 찾을 것.

자살   비열함의 증거.

자연   "자연이 얼마나 아름다운지!" 시골에 있게 될 때
            마다 그렇게 말할 것.

자연 발생   사회주의자의 생각.

자웅동체의 동물

            호기심을 자극한다.

            보려고 애쓸 것.

자위   (아카데미 사전을 볼 것).

자유   "자유의 이름으로 얼마나 많은 범죄를 저지르는
            가!"

            "자유는 고상한 동네인 생제르맹의 백작 부인이
            아니다."

            "자유는 방종이 아니다"――보수주의자의 문장.

            우리에겐 필요한 모든 자유가 있다.

자유 무역   우리의 모든 불행의 원인.

자유분방   대노시에서만 볼 수 있다.

자정   노동과 올바른 쾌락의 한계――자정이 지나서 하
            는 일은 모두 비도덕적이다.

자줏빛	붉은색보다 더 멋지다. 조개를 물다가 자주조개를 발견한 개의 일화를 인용할 것.
작문	중학교에서는 근면을 증명한다——번역이 지성을 증명하는 것처럼. 그러나 세상에서는 작문에 강한 사람들을 비웃어야 한다.
작은 범선	"내 작은 범선으로 오라, 검은 눈의 그리스 미녀여"(로망스).
잘못	"범죄보다 더 나쁜 것, 그것은 잘못이다"(탈레랑[97]). "당신에겐 더 이상 저지를 잘못이 남아 있지 않아요"(티에르[98]). 이 두 문장은 심각하게 발언해야 한다.
잠	피를 진하게 한다.
장갑	신사적인 분위기를 자아낸다.
장관	인간의 영광의 마지막 용어.
장군	'저의 장군님'이라고 말해야 한다. 언제나 '용감하다'. '대개' 자신의 입장과 관계없는 일을 한다. 이를테면 대사라든지 시의회 의원이라든지 또는 정부의 우두머리 같은 것.
장난감	언제나 과학적이어야 할 것이다.

장난을 좋아하는 사람

장난을 좋아하는 사람들은 세련되고 가벼운 농담으로 명성이 높다.

장식 핀   항상 머리카락 다발이나 사진을 둘러싸고 있다.

장신구   초등학생의 장신구 : 고환의 기생충.

           젊은이의 장신구 : 치골의 기생충.

장화   대단한 더위에 대한 암시에서는 헌병들의 장화나 우체부들의 신발이 절대 빠지지 않는다(시골에서, 야외에서만 허용된다).

           장화를 신어야만 신발을 잘 신은 것이다.

재산   재산은 대담한 자들을 도와준다!

           "부자들은 행복하다. 그들에게는 재산이 있으니까!"

           대단한 재산에 대해 말할 때는 반드시 "네, 하지만 그게 확실해요?"라고 할 것.

재채기   "신의 가호가 있기를" 하고 말한 다음에, 그 용법의 역사적인 기원에 대해 토론을 시작할 것.

재채기하다   "러시아어와 폴란드어는 말하는 것이 아니라, 재채기하듯 힘들여 발음하는 것이다"라고 이야기하는 것은 정신적인 야유이다.

           재채기를 할 때면 언제나 "지런! 난 감기에 걸렸어요"라고 소리쳐야 한다.

저녁 식사   옛날에는 정오에 저녁 식사를 했는데, 요즘은 '터

무니없는' 시간에 저녁을 먹는다.

우리 조상들의 저녁은 우리의 점심이었고, 우리의 저녁은 그들의 밤참이다.

'외식을 하는 것'은 시골에 가서 식사에 참여하는 것이다.

점심이 아니라 저녁에 적합한 요리.

기념 만찬.

그렇게 늦은 저녁 식사는 저녁 식사가 아니라 밤참이라 불린다!

저당   '저당에 관한 체제의 개혁'을 요구할 것. 매우 멋진 일.

저명 인사   사적인 결함을 환기시키면서 어쨌든 저명 인사들을 비방할 것.

뮈세는 취해 있었다.

발자크는 빚에 쪼들려 있었다.

위고는 인색하다.

…….

저자   사람들은 저자들을 알아야 하지만, 그들의 이름조차 제대로 인용하지 못할 것이다.

저자들의 단어.

그들이 살아가는 방식.

저주   언제나 아버지에 의해 주어진다.

저축 (금고)   하인들에게는 절도의 기회.

전갈	'편지' 보다 고상하다.
전망대	앵발리드 기념관에서만 볼 수 있다.
전매(專賣)	비난할 것.
전시회	19세기의 열광적인 주제.
전쟁	비난할 것.
전투	언제나 '피를 흘린다'.
	항상 두 가지 승리자가 있다 : 때리는 자와 맞는 자.
절약	언제나 '질서'라는 말이 따라다닌다.
	질서와 절약은 재산을 형성한다.
	은행가 페르고의 집 안마당에서 핀 하나를 줍는 라피트[99)]의 일화를 인용할 것.
절충주의	자신의 명예를 위태롭게 하지 않을까 하는 두려움.
	절충주의자가 되는 것, 그것은 세상사에 대한 자신의 견해를 피력하지 않는 것이다.
	절충주의──비도덕적인 철학으로서──를 비난하고, 쿠쟁[100)]을 비난할 것.
젊은이	언제나 익살꾼이다. 만약 익살꾼이 아니라면 젊은이로서는 부적당한 일이다. "아니! 당신 같은 젊은이가!"
	젊은이가 해야 하는 모든 것 : 노래하기, 춤추기, 빚지기, 그렇지만 너무 많지 않은 빚을 지기.
젊음	설사 이해하지 못하더라도 다음과 같은 이탈리아

시구를 언제나 인용해야 한다.

"지오벤투! 프리마베라 델라 비타.

프리마베라! 지오벤투 델 아노."

"아! 젊음은 아름다운 것이다."

정(疔)[101]　　정은 건강의 표시이다. 그것이 사라지게 해서는 안 된다('부스럼'을 볼 것).

정육점 주인　혁명기에는 무시무시했다.

정육점 주인은 모두 뚱뚱하다.

모두들 사납고, 거리에서 아이들을 괴롭힌다.

정의(正義)　절대로 신경 쓰지 말 것.

정자　　　정원에 있는 더없이 즐거운 장소.

정중한 인사　언제나 '열렬하다'.

정치경제　내용 없는 학문.

정화(淨化)　염화물, 석탄산.

정화제(淨化劑)몰래 복용할 것.

제국　　　제국, 그것은 평화다!(나폴레옹 3세).

제국주의자　정직하고 평화롭고 공손하고 뛰어난 모든 사람들.

제기랄　　'의사'를 볼 것.

맹세를 하기 위해서만 이 단어를 사용할 것. 글쎄, 그러는 게 어떨지!

제노바　　제노바 여행담을 이야기하는 관광객에게는 "그래서 당신은 불편한[102] 상황이었군요"라고 말하는 것을 잊지 말 것.

제독(提督)   언제나 용감하다.

"밀 사보르!"[103]라는 말로만 맹세한다.

제비   '봄의 사신'이라는 말 이외의 다른 말로 절대 부르지 말 것.

제비들이 어디에서 오는지 모르기 때문에 "머나먼 기슭에서 도착한다"고 말한다.

시적이다.

존 불   영국인의 이름을 모를 때는 그를 '존 불'이라고 부른다.

종교   역시 사회의 토대 중 하나.

서민에게 필요하다.

그렇게 많이 필요한 것은 아니다.

'우리 조상들의 종교'라는 말은 경건한 마음을 일으키는 말투로 해야 한다.

종두칼[104]   항상 하나씩 가지고 있지만, 사용하기를 두려워한다.

종려나무   지방색을 낸다.

종마   언제나 '기운차다'.

(그렇지 않으면 그것은 계속 종마로 간직되지 않을 것이다).

여자는 틀림없이 종마와 말의 차이를 모른다.

어린 소녀들에게는 : 다른 말보다 더 큰 말.

종마 사육장	종마 사육장의 문제점 : 의회 토론의 좋은 주제.
종속된	정적(政敵)의 우두머리에게 던지는 매우 심한 모욕. "모시외! 당신은 엘리제궁의 카마릴라에게 '종속되어' 있군!" 연단에서만 사용된다.
죄인	언제나 '가증스럽다'.
주거	언제나 '불가침' 지역이다. 하지만 사법관과 경찰은 자기들 마음대로 안으로 들어온다. "나는 내 집으로 돌아간다." "나는 내 가정으로 돌아간다."
중고등학교	기숙사보다 고상하다.
증권 거래소	여론의 바로미터.
증권 거래소 직원	모두 도둑들.
증명서	가족의 안전, 부모의 평안함. 증명서는 언제나 유리하다.
증인	증인으로 법정에 서는 것을 거부해야 한다. 사태가 어떻게 될지 모르니까.
증정용 장식본	거실 테이블 위에서 굴러다녀야 한다.
지갑	겨드랑이에 지갑을 끼고 있으면 장관 같은 인상을 준다.[105]
지구	지구는 둥그니까 '지구의 네 구석'이라고 말할

것.[106)

지롱드 당원	비난하기보다는 한탄할 것.
지붕밑 방	스무 살 때는 거기서도 얼마나 편안한지!
지속발기증	프리아포스[107)에 대한 숭배.
지평선	언제나 자연의 지평선은 아름답고 정치의 지평선은 어둡다고 생각한다.
지하 감옥	이곳의 밀짚은 언제나 축축하다.
	언제나 '끔찍하다'. 여태껏 기분 좋은 지하 감옥을 만난 적이 없다.
진	동양 춤의 이름.
진보	언제나 알맞지 않고 너무 성급하다.
질그릇	도자기보다 더 멋지다.
질문	질문을 하는 것, 그것이 바로 의문을 해결하는 것이다.
질투	언제나 '억제할 수 없는'이라는 말이 따라다닌다.
	눈썹을 찌푸리는 것은 질투의 증거이다.
	끔찍한 열정.
짐승	아! 짐승들이 말을 할 수 있다면!
	인간보다 더 똑똑한 짐승들도 있다.
집안일	그것에 대해 언제나 존경심을 갖고 말할 것.
집정 내각[108)	집정 내각의 수치!
	"그 시절에는 명예가 군대 속으로 숨었다."
	여자들은 완전 나체로 돌아다녔다.

찜질   의사가 도착하기를 기다리는 동안 언제나 찜질을
해야 한다.

참새   절대 잊지 말고 '수도승의 아들' 이라고 덧붙일 것[109]──이 농담처럼 웃기는 것은 아무것도 없다.

책   어떤 책이든 언제나 너무 길다!

책 표지   위대한 사람들이 책 표지로 잘 어울린다.

천문학   훌륭한 학문. 항해술에 유익하다. 점성술에 대해서는 비웃을 것.

     언제나 "얼마나 훌륭한 학문인가! 미래를 예언하고 앞으로 1년간의 날씨를 알아맞히니"라고 말할 것.

천복   언제나 '완벽하다'.

     "당신의 하녀는 이름이 펠리시테[110]예요. 그래서 완벽하지요."

천사   사랑과 문학에 잘 어울린다.

천재   "천재는 신경증 환자이다!"라고 언제나 소리쳐야 한다. 이것은 아무 뜻도 없다.

철도   나폴레옹에게 철도가 있었다면 그는 무적이었을 것이다.

     발명에 대해 경탄하고, "신생님, 바로 제가 말이죠, 오늘 아침 X에 있었어요. X기차로 떠나서 거기서 이런저런 일을 보고, X시(時)에 다시 돌아왔

답니다!"라고 말할 것.

철자법 문체를 가지고 있을 때는 필요하지 않다.

수학을 믿듯 그것을 믿는다.

철학 비웃을 것.

청동 속담 : (그 위에) 욕설이 씌어진다.

고대의 금속.

청소년 언제나 '젊은 청소년' 이라는 말로 시작되는데, 이
는 중복법이다.

청어 네덜란드의 재산.

체스 놀이 군대 전술의 이미지.

훌륭한 장교들은 모두 체스 놀이를 아주 잘한다.

"놀이로는 너무 진지하고, 하나의 학문으로는 너
무 경박하다."

체육관 코메디 프랑세즈의 지점(支店).

체조 체조를 과도하게 하는 법은 없을 것이다.

아이들을 체조로 기진맥진하게 만들 것.

초등학교 여교사

틀림없이 언제나 아주 못생겼다.

언제나 '불행을 겪은' 훌륭한 집안 출신이다.

모두들 푸른 안경을 쓴다.

집안에서 위험한 사람.

남편을 타락시킨다.

초상화 미소를 짓게 만들기가 어렵다.

촌락	시에 잘 어울린다.
	측은한 마음을 불러일으키는 단어.
총	시골에서는 언제나 하나씩 가지고 있는 것.
총독	바다와 결혼한 사람이다.
	총독 중에서 우리는 오직 마리노 팔리에로[111]라는 한 사람밖에 모른다.
총살하다	단두대에서 목을 베는 것보다 고상하다.
	그 특별한 배려를 부여받는 사람의 기쁨.
최면술	여자들과의 대화에서 재미있는 주제——여자의 역할을 하는 데 쓰인다.
추위	더위보다 건강에 좋다.
축하	언제나 '진실되고', '열렬하고', '다정하다'.
춤	사람들은 더 이상 춤추지 않고 걷는다.
충실한	'친구'와 '개'하고 불가분의 관계이다.
	"그러니까 마침내 충실한……"이라는 구절을 반드시 인용할 것.
취기	언제나 '미친 듯한'이라는 말이 앞에 붙는다.
측량 기사	"측량 기사 외 출입 금지."
치과 의사	치과 의사들은 모두 거짓말쟁이다.
	핀셋을 사용한다.
	사람들은 그들이 발도 치료한다고 생각한다.
	안경 상인들이 스스로를 '기술자'라고 일컫듯이 치과 의사들은 스스로를 '외과 의사'라고 일컫는다.

치료	"여행 중이더라도 치료를 받기는 항상 수월하다."
치즈	브리야 사바랭[112]의 격언을 인용할 것 : "치즈 없는 저녁 식사는 한쪽 눈이 없는 미녀와 같다."
치질	성 피아크르[113]의 재난.
	치질은 건강의 표시이다. 그러므로 치질이 사라지게 해서는 안 된다.
	돌 위에 앉거나 뜨거운 프라이팬 위에 앉으면 치질에 걸린다.
친척	모두 불쾌하다.
	부자가 아닌 친척들은 숨길 것.
침략	칼날을 흥분시킨다.
침실	고성(古城)에서, 앙리 4세는 언제나 침실에서 하룻밤을 보냈다.
침착	침착해야 한다. 우선 그것이 좋은 태도이기 때문이고, 그 다음으로는 영국인처럼 보이게 하기 때문이다.
	언제나 '태연한' 이라는 말이 따라다닌다.

〔ㅋ〕

카자흐 사람 양초를 먹는다.

칼 '그의 칼처럼 용감한' 칼은 때때로 결코 도움이
되지 않았다.

'충성스러운 칼', 현대의 바야르[114]의 칼.

더 이상 칼을 지니고 있지 않은 것을 유감스러워
할 것.

사람들은 다모클레스[115]의 칼밖에 모른다.

커피 르 아브르에서 나는 것만 맛이 좋다.

가장 좋은 것은 마르티니크와 부르봉을 섞어놓은
것이다.

정신을 맑게 해준다.

대단한 저녁 만찬에서는 서서 마셔야 한다.

설탕을 넣지 말고 마실 것. 그러면 아주 멋지고
동양에서 살았던 듯한 분위기를 준다.

컴퍼스 눈대중이 정확할[116] 때는 정확하게 본다.

코끼리 기억력이 뛰어나고, 햇볕을 아주 좋아한다.

코냑 코냑 한 잔은 결코 해롭지 않다.

공복에 마시면 위의 세균을 죽인다.

매우 해롭나. 여러 가지 질병에 아주 좋다.

코담배 의사 같은 인상을 준다.

서재에 틀어박혀 사는 사람에게 어울린다.

코란	단지 여자들에 관한 것에 불과한 무함마드의 책.
코르셋	아이를 갖지 못하게 한다.
코안경	건방지고 품위 있다.
코파이바 발삼[117]	
	그게 뭔지 모르는 체해야 한다.
콘 샐러드	언제나 '셀러리'가 곁들여진다.
콘트랄토[118]	사람들은 그게 무엇인지 모른다.
콜레라	멜론 때문에 콜레라에 걸린다.
	럼주 섞은 차를 많이 마시면 낫는다.
콧구멍	콧구멍이 처들려 있는 것은 음란함의 표시.
콧수염	군인 같은 분위기를 준다.
쾌활함	언제나 '미친 듯한'이라는 말이 따라다닌다.
	진짜로 쾌활한 친구들.
퀴라소[119]	네덜란드산이 제일 좋다. 서인도 제도의 퀴라소 에서 제조되기 때문이다.
퀴자스[120]	'바르톨'과 불가분의 관계에 있다.
	그들이 무엇을 했는지는 모른다. 아무러면 어떠 랴! 서재에 틀어박혀 있는 모든 사람에게 "당신은 퀴자스와 바르톨에게 빠졌군요"라고 말할 것.
클라리넷	클라리넷을 연주하면 장님이 된다.
	예 : 모든 장님이 클라리넷을 연주한다.
클럽	보수주의자들을 격분케 하는 주제.
	이 단어는 발음하기가 난처하며 어떻게 발음해야

할지가 논란거리이다.

키스   '포옹하다' 라고 말하라──더 점잖다.

부드러운 도둑 키스.

키스는 아가씨의 이마에, 엄마의 뺨에, 예쁜 여자
의 손에, 아이의 목에, 정부의 입술에 한다.

〔ㅌ〕

타조   돌도 소화시킨다.[121]

탈레랑   그에 대한 분개.

탑   시골에서는 비 오는 날을 위해 지붕밑 방에 탑이 꼭 있어야 한다.

태아   에틸알코올 안에 보관되어 있는 해부학용 시체의 모든 부분.

태형(笞刑)   러시아인들에게 불쾌감을 주는 단어.

터키 황제의 처첩

       '무희'를 볼 것.

토끼 고기   토끼 고기는 항상 고양이와 함께 만들어진다.

투창   사용법을 아는 경우에는 총보다 낫다.

틀니   세 번째 이.

       위험하다. 삼킬 수도 있으니까.

파가니니   긴 손가락으로 유명하다.

자기 바이올린을 절대로 조율하지 않았다.

파리|Paris   거대한 매춘부.

수도.

여자들의 천국, 말〔馬〕들의 지옥.

그에 대한 정치적인 관념들.

파리를 굴복시키는 수단.

시골이 파리에 대해 생각하는 것(그리고 그 반대의 경우).

파리   파리를 쫓는 노예!

파마하다, 파마머리

남자에게는 어울리지 않는다.

파벌   이 단어를 입에 올릴 때 분개할 것.

파에톤[122]   파에톤이라는 이름의 4인승 마차를 발명한 사람.

파이프   파이프를 피우는 것은 신사적이지 않다.

해수욕할 때를 제외하고.

파이프 오르간

신을 향해 영혼을 고양시킨다.

판매   팔고 사는 것, 인생의 목적.

팔   프랑스를 통치하기 위해서는 강철 같은 팔이 필요하다.

팔라스[123] 여신상

> 고대의 성채.

팔미라[124] 이집트의 여왕인가? 아니면 폐허인가? 모른다.

80세의 사람 모든 노인들에 대해 그렇게 말한다.

팡파르 언제나 '즐겁다'.

패러독스 자기 고향의 대로에서, 담배를 두 모금 내뿜는 사이에 하는 괴상한 말.

패배 사람들은 패배를 경험하는 것이 아니라 패배를 '당한다'.

> 그것은 질서정연하게 후퇴하는 것이다.

> 남아서 새로운 패배를 견딜 사람이 아무도 없을 만큼 철저하다.

펀치[125] 정신착란의 근원.

> 남자들의 저녁 모임. 펀치에 불을 붙일 때는 불을 끌 것.

> 그러면 그것은 '환상적인 불꽃'을 만들어낸다.

> 낭만적이다(구식).

페루 모든 것이 금과 은으로 되어 있는 환상적인 나라.

페인트칠 교회 안의 페인트칠을 비난할 것.

> 그 예술적인 분노는 지극히 당연하다.

펜싱 남몰래 불시에 공격하는 것을 배우는 데 쓰인다.

펠리컨 새끼들을 먹여 살리기 위해 자신의 옆구리를 찌른다.

가장(家長)의 상징.

편집물   만들기 쉽다.

평행선   다음과 같은 것들 사이에서만 선택해야 한다 :

카이사르와 폼페이우스.

볼테르와 루소.

나폴레옹과 샤를마뉴.

바야르와 마크 마옹.[126]

괴테와 실러.

호라티우스와 비르길리우스.

폐허   몽상에 잠기게 하고, 풍경에 시적인 분위기를 드러내준다.

포도나무 잎   조각 예술에서 남성의 상징.[127]

포도주   토론의 주제.

포도주들의 특징.

──"가장 좋은 것은 보르도 포도주이다. 의사들이 그것을 처방하니까."

──"포도주는 맛이 없을수록 가공되지 않은 순수 와인이다."

포르나리나[128]

아름다운 여자였다. 그 이상은 더 알 필요가 없다.

포르루아얄[129]

대화의 아주 적절한 주제.

포크   포크는 언제나 은으로 되어 있어야 한다. 그게 덜 위험하다.

증거로 '포크를 쓰는 남자' 이야기를 해줄 것.

포크는 왼손으로 사용해야 한다. 그것이 더 편리하고 더 품위 있다.

포탄   추시계와 잉크병을 만드는 데 쓰인다.

포필리우스   원의 발명가.

폭동   가장 신성한 의무(블랑키[130]).

폭탄   폭탄 바람은 질식시킨다.

장님으로 만든다.

폴란드의 규발병(糾髮病)

머리카락을 자르면 머리카락에서 피가 난다.

퐁사르   양식을 지녔던 유일한 시인.

푸딩   즐거움의 표시.

크리스마스 날에 꼭 필요하다.

풍뎅이   봄의 아들.

농사 공진회 연설에서 풍뎅이의 피해에 대해 말할 때는 그것들을 '해로운 초시류'로 다루어야 한다.

소논문의 좋은 주제.

풍뎅이의 근본적인 박멸은 모든 도지사의 꿈이다.

풍선   풍선으로 결국은 달에 가게 될 것이다.

풍선을 조종하기가 쉽지 않다.

풍차   풍경에 잘 어울린다.

프라동[131]   그는 라신의 적수였던 것에 대해서 아직도 용서

받지 못했다.

프랑스군의 용맹심 furie française[132]

언제나 '푸리아 프란체세'라고 이탈리아어로 말해야 한다.

프랑스인　　"게다가 프랑스인은 단 한 사람밖에 없다"(아르투아 공작).

"아! 기념비를 쳐다볼 때면 프랑스인이라는 것이 얼마나 자랑스러운지!"(부연 설명을 할 것).

이 세계의 첫 민족.

프랑스 혐오자

독일 신문 기자에 대해 말할 때 이 표현을 쓸 것.

프레스코화　이제는 더 이상 제작되지 않는다.

프리마 돈나　모든 여가수들은 프리마 돈나라고 불려야 한다.

프리메이슨단 여전히 대혁명의 원인 중 하나.

입문 의식의 시련이 끔찍하다. 그래서 그 때문에 죽는 사람들도 있다.

"대체 그들의 비밀은 무엇일까?"

부부간의 말다툼의 원인.

성직자들의 나쁜 관점.

프리카세[133]　시골에서만 잘 만든다.

피가로　　　보마르셰의 아들이며 대혁명의 주동자 중 하나.

피라미드　　무익한 작품.

피아노　　　거실에 꼭 필요한 것.

필리프 도를레앙 에갈리테[134]

　　비난할 것.

　　대혁명의 원인 중 하나.

　　불행한 그 시대의 온갖 범죄를 저질렀다.

[ㅎ]

하급 재판소의 서기
　　　'공증인' 보다 더 아첨을 잘한다.

하녀　　하녀들은 모두 나쁘다.
　　　더 이상 식모는 없다!

하렘　　암탉들 사이에 있는 수탉 한 마리를 항상 하렘에
　　　있는 술탄에 비유할 것.
　　　모든 중학생들의 꿈.

하인　　모두 도둑들.

하품　　"미안해요. 하지만 지루해서가 아니라 소화시키
　　　느라고 나온 거예요"라고 말할 것.

하프　　팔과 손을 가치 있게 만든다.
　　　조각 작품에서는 폐허 위에서만 연주된다.
　　　천상의 하모니를 만들어낸다.

학교　　파리 이공과대학교, 모든 부르주아가 자기 아들
　　　을 집어넣으려고 하는 최고의 목표.
　　　"모든 어머니들의 꿈"(구식).
　　　단지 '학교'라고만 말해도 사람들은 바로 그 학교
　　　에 다녔다는 얘기로 듣는다.
　　　단어의 발음.
　　　파리 이공과대학교가 노동자들과 뜻이 맞는다는
　　　사실을 알게 되어 폭동을 일으키는 부르주아의

공포!(구식).

생시르 사관학교, 특히 귀족들로 구성되어 있다.

의과 대학, 모두 찬양받는다.

법과 대학, 훌륭한 가문의 젊은이들.

학문   종교와의 관계 :

——"학문이 얕으면 종교에서 멀어지고, 학문이 깊으면 종교에 다가간다."

학생   모두들 붉은 베레를 쓰고 경기병풍의 바지를 입고 다니며, 거리에서 파이프를 피우고 공부를 하지 않는다.

학위   학식의 표시.

아무것도 증명해주지 않는다.

학자   아담이 신에게서 받은 지식.

학문의 우물.

학자가 되기 위해서는 기억력만 있으면 된다.

그들을 조롱할 것.

한숨   여자 옆에서 새어 나와야 한다.

합법성   합법성이 우리를 죽인다! 합법성을 가지고는 어떤 정부도 가능하지 않다.

합승 마차   합승 마차에는 결코 자리가 없다.

루이 14세에 의해 발명되었다.

50년 전에는 없었다.

——"선생님, 저는요, 삼륜차를 타봤어요."

여러 동행이 있다 : 스코틀랜드 사람들, 백인 귀
부인들.

항해자   언제나 '대담하다'.

해먹   식민지 태생의 백인에게 알맞다.

               시골에서는 꼭 필요하다.

               침대보다 더 편안하다는 것을 인정할 것.

해부   죽음의 숭고함에 대한 모욕.

해산(解産)   피해야 할 말. '사건'으로 대체할 것.

               "당신은 어떤 시대를 바라며 사건을 기다리십니
               까?"

해시시|hachisch

               향락적인 도취감을 전혀 야기하지 않는, '아시
               hachis'라는 고기 요리와 혼동하지 말 것.

해안 경비병   여자의 가슴에 대해 말할 때 결코 이 단어의 복수
               형을 사용하지 말 것.[135]

해포석(海泡石)

               해포석은 육지에 있다. 그것으로 파이프를 만든다.

햄   햄은 설사 영국산이라 하더라도 언제나 마인츠[136]
               산이다.

               조심할 것. 선모충이 있으니까.

행복한   행복한 사람에 대해 말할 때 그는 '행운을 타고났
               다'고 말할 것. 사람들은 그것이 무슨 의미인지
               모르고, 이야기 상대자도 마찬가지로 모른다.

행정 장교	손님들이 일제히 식사하는 정식용 식탁에서밖에는 보이지 않는다.
향락	음탕한 단어.
헌병	사회의 성벽.
헌병대	'공공의 힘'이라고 말할 것. 또는 '기마 헌병대'라고.
헌신	다른 사람들에게 헌신이 부족하다는 것을 한탄할 것. 이 점에 있어서 우리는 개보다 훨씬 열등하다.
헝가리 보병	'내시'와 혼동된다.[137]
헤롯[138]	헤롯처럼 늙었다.
헤르니아	탈장. 상처. 모두들 자기도 모르는 사이에 헤르니아를 가지고 있다!
헤브라이어	사람들이 이해하지 못하는 모든 것. 언어의 기원.

현학적인 태도

가벼운 일에 적용되는 경우가 아니면 조롱받아야 한다.

현행범flagrant-délit

'플라그랑트 델릭토flagrante delicto'라고 발음할 것.

간통죄의 경우에만 사용된다.

협로   언제나 테르모필레[139)]를 인용할 것.

"보주 산맥[140)]의 협로는 프랑스의 테르모필레이다"(1870년에 이런 얘기가 많았다).

협잡꾼   언제나 상류 사회에 속해 있다.

협회   조롱해야 한다.

협회의 회원들은 모두 노인이고, 초록색 호박단으로 된 차양을 지니고 있다.

형이상학   그것이 무엇인지는 모르지만 비웃을 것.

형편없는   《르 피가로》지가 감탄할 만하다고 인정하지 않은 모든 예술 작품이나 문학 작품에 대해서 "형편없군!"이라고 말해야 한다.

혜성   혜성에 대해 두려움을 가지고 있던 사람들을 비웃을 것.

호메로스   웃는 방식으로 유명하다 : 호메로스의 웃음.[141)]

결코 존재하지 않았다.

호모   에체 호모![142)] 기다리는 사람이 들어오는 것을 볼 때.

호수   호수 위를 산책할 때는 여자를 동반할 것.

호수에 사는 사람(호상 도시)

물 밑에서는 사람이 살 수 없으므로 그들의 존재를 부정할 것.

호텔   스위스의 호텔만 좋다.

혼수 상태   몇 년 동안 계속되는 경우도 보았다.

홍학　　　　플랑드르에서 나오기 때문에 그렇게 이름이 붙여졌다.[143]

화　　　　　피가 끓게 한다. 이따금 화를 내는 것이 건강에 좋다.

화가의 풍경　언제나 '불쾌한 녹색을 마구 칠해놓은 그림'이다!

화석　　　　아카데미 회원에 대해 말할 때는 고상한 농담.
　　　　　　홍수의 증거.

화장품　　　피부를 상하게 한다.

화재　　　　언제나 볼 만한 광경.

화해　　　　언제나 장려할 것. 비록 대립을 피할 수 없는 경우라 하더라도.
　　　　　　본을 보일 것.

확고한　　　언제나 '바위처럼'이라는 말이 따라다닌다.
　　　　　　원칙에 있어서 확고하다.

환대　　　　언제나 '스코틀랜드적'이다.[144]
　　　　　　이 점과 관련해 다음 시구를 인용할 것 :
　　　　　　"스코틀랜드의 산사람 집에서는
　　　　　　환대가 베풀어진다,
　　　　　　하지만 그것은 결코 거래되는 것이 아니다."

환상　　　　환상을 많이 가지고 있었던 체할 것.
　　　　　　사람들이 환상을 잃어버린 것에 대해 한탄할 것.

환자　　　　환자의 마음에 기운을 북돋아주기 위해서는 그의 감정에 대해 웃어 넘기고 그의 고통을 부인할 것.

황소	송아지의 아버지. 거세된 수소는 삼촌일 뿐이다.
황후	모두 아름답다.
회교국의 대신	
	훈장을 보고 몸을 떤다.
회교도가 본 이교도	
	알 수 없는 의미의 비사교적 표현. 그러나 그것이 동양과 관계 있음은 알고 있다.
회색빛 새	"더 이상 회색빛 새는 없다!" 이것은 더 이상 사냥감이 없다고 불평하는 사냥꾼의 당황한 태도로 말해야 한다.
회화	유리 위에 그리는 회화의 비밀은 사라졌다.
후식	즐거움! 가장 생생한 기쁨.
	후식을 먹을 때 더 이상 노래를 하지 않는 것이 유감스럽다.
	덕망 있는 사람들은 후식을 무시한다.
	──"아니에요! 아니에요! 과자는 필요 없어요. 후식은 절대 안 먹습니다!"
훈장	레지옹 도뇌르 훈장. 훈장을 조롱하지만 또한 탐낸다. 사람들은 훈장을 받게 되면, 언제나 원하지 않았다고 말한다.
흑인	국적이 무엇이든 간에 외국인에게 자신을 이해시키려면 '흑인'이라고 말해야 한다.
	'전보 문체'에서도 사용된다.

흑인들의 침이 하얗다는 것에 언제나 놀란다——
그리고 그들이 프랑스어를 한다는 것에 대해서도.

흑인 여자   백인 여자보다 더 정열적이다('갈색 머리 여자'
와 '금발 여자'를 볼 것).

혼적   언제나 '아주 특별한'이라는 말이 따라다닌다.
예 : "햇빛은 그 풍경에 아주 특별한 혼적을 남기
고 있었다." 이 비유는 편지에 소인 찍는 일을 하
는 우체국 직원들에게만 허용되어야 할 것이다.[145]
거기에는 혼적(특징)이 남아 있다.

흥분   시(詩)에서 : 그것을 표현하는 어법.

흥행주   '관리인'을 의미하는 예술가의 단어.
언제나 '솜씨 좋은'이라는 말이 앞에 붙는다.

희극   웃으면서 풍습을 고친다.
운문으로 된 희극은 우리 시대에는 더 이상 적합
하지 않다.
그렇지만 고상한 희극은 존중해야 한다.

흰 대리석   신체의 가장 아름다운 부분을 묘사하기 위해 시
적으로 사용된다.

히드라   무정부 상태의 히드라.
——사회주의의 히드라.
두려움을 주는 모든 체계에 대해서도 마찬가지이
다.
그것을 이겨내려고 노력할 것.

히스테리　　사람들이 걱정하는 개념.

히스테릭한 여자는 방탕자들의 꿈이다.

여자의 색광증과 혼동된다.

히포크라테스 그가 그리스어로 글을 썼기 때문에 언제나 라틴어로 인용해야 한다. 다음 문장만 제외하고 : "히포크라테스는 그렇다고 말하고, 갈레노스[146]는 아니라고 말한다."

힘　　　　언제나 '헤라클레스와 같은' 힘이다.

"힘은 권리를 능가한다"(비스마르크).

힘센 남자　힘센 남자들은 모두 북부 출신이다.

◆

인간의 지식과 사고체계의
어리석음에 대한 풍자

◆

이 인터뷰는 Anne Herschberg-Pierrot, *Le Dictionnaire des idées reçues de Flaubert*
(Presses Universitaires de Lille, 1988) ; Marie Therese Jacquet, *Les Mots de l'absurde
ou du 'Dictionnaire des idées reçues' de Flaubert*(Schena-Nizet, 1987) ; 허버트 로트먼,
《플로베르─자유와 문학의 수도승》(책세상, 1997) 그리고 플로베르의 서간문을 참조하여 옮긴
이가 가상으로 구성한 것이다.

진인혜_ 저는 개인적으로 《통상 관념 사전 *Le Dictionnaire des idées reçues*》을 읽으면서 그 풍자와 해학이 너무 재미있고 독창적이라고 느꼈던 터라 언젠가는 이 작품을 꼭 한국에 소개하고 싶었습니다. 이 작품에서 느낄 수 있는 아이러니는 비단 19세기뿐만 아니라 현대에도 역시 효력을 발휘할 수 있다고 생각했죠. 마침 책세상의 〈세계문학〉에 담기에 분량도 적당해서 기쁜 마음으로 이 작품을 택하고 번역을 자청했는데, 막상 번역에 들어가보니 그 어떤 작품보다 옮기기가 쉽지 않더군요. 다른 문화권의 독자들로서는 그 풍자와 해학의 묘미를 쉽게 알 수 없겠다 싶은 경우도 많았고요. 그래서 어쩔 수 없이 옮긴이주를 통해 부연 설명을 많이 달게 되었는데, 많은 주 때문에 작품의 분위기가 너무 무거워져 경쾌한 아이러니를 해치지나 않을까 걱정입니다.

플로베르_ 당연히 그런 어려움이 있었을 것입니다. 《통상 관념 사전》은 말이 사전이지, 사실 단어의 뜻을 풀이하고 설명한 책이 아니라 어찌 보면 일종의 말장난 책 같기도 하고 단어의 다양한 쓰임새를 기묘하게 엮어놓은 책 같기도 하니까요. 게다가 소설 작품처럼 독자에게 전해줄 줄거리가 있는 것도 아니고요. 하지만 아무튼 저로서는 기쁘기 그지없습니다. 제가 평생을 두고 심혈을 기울인 작품이 한국에 소개되게 되었으니까요. 그러고 보니 책세상에 감사의 말씀을 드려야겠군요. 제가 가장 아꼈고 제 목숨을 놓을 때까지 힘들게 붙잡고 있었던 작품인 《부바르와 페퀴세*Bouvard et Pécuchet*》를 출간해주신 데 이어 이번에는 《통상 관념 사전》도 출간해주셨으니 말입니다.

진인혜_ 허버트 로트먼이 쓴 아주 두꺼운 선생님의 전기도 책세상에서 나왔지요.

플로베르_ 아, 맞아요. 그 로트먼이라는 친구는 제 일생의 세세한 일에 대해서 저 자신보다도 더 잘 알고 있는 것 같더군요, 하하. 제 작품을 연구하는 사람들에게도 일반적으로 별로 잘 알려지지 않은, 영국인 가정 교사 이야기까지 들춰냈으니까요.

진인혜_ 말이 나왔으니 말인데, 사실 루이즈 콜레와 선생님의 관계, 그리고 슐레쟁제 부인에 대한 선생님의 열정은 선생님께 조금만 관심이 있는 사람이라면 누구나 다 알고 있는 사실이지만, 그 가정 교사의 존재에 대해서는 저 역시 로트먼의 전기를 읽기 전까지는 모르고 있었습니다. 외람된 질문입니다만, 선생님께서 정말로 사랑하셨던 여자는 누구인가요?

플로베르_ 정말 외람된 질문이군요. 하기야 이 시점에 와서 제가 못할 이야기가 무엇이겠습니까? 하지만 정말로 사랑한 여자가 누구였냐, 그건 저도 잘 모르겠는데요. 아마 순간순간의 감정에 충실했고, 나름대로 다른 방식으로 모두를 사랑했다고 표현하는 것이 정확하지 않을까 싶군요. 심지어 여행 중에 만나 황홀한 체험을 하게 해주었던 여자일지라도, 그 순간에는 마찬가지로 진실한 감정이었다고 할 수 있겠죠. 물론 깊은 관계를 가장 오랫동안 유지한 여자를 꼽으라면 루이즈 콜레가 되겠지만.

진인혜_ 루이즈 콜레는 선생님과 결별한 후 선생님에 대한 앙갚음으로 《그 남자*Lui*》라는 작품을 썼다고 하는데, 그때 기분이 어떠셨습니까?

플로베르_ 저는 별로 개의치 않았습니다. 작가란 누구나 직접적으로든 간접적으로든 자신이 경험한 것을 토대로 하여 허구의 이야기를 만들어내는 법이니까, 루이즈 콜레도 자신의 경험을 얼마든지 작품화할 수 있는 것 아니겠습니까? 그리고 그것이 뭐, 반드시 저에 대한 앙갚음이었다고는 생각하고 싶지 않습니다. 우린 오랫동안 서로 진정으로 사랑했고, 다만 결혼을 원하는 루이즈 콜레와는 달리 저는 자유와 고독에 침

잠할 수 있는 독신을 고집했던 것뿐이지요. 한 사람의 남자이기에 앞서 진정한 예술가의 혼을 지닌 작가로 남고 싶었거든요. 그녀와 함께했던 순간들이 제게도 즐거운 시간들이었음은 분명합니다.

진인혜 _ 사적인 것을 한 가지만 더 여쭙고 싶습니다. 선생님께서 슐레쟁제 부인을 평생 동안 이상형으로 흠모했고, 또한 그녀가 《감정 교육 _L'Éducation sentimentale_》에 나오는 아르누 부인의 모델이 되었다는 게 사실인가요? 그렇게 한 사람을 멀리서 생각만 하면서 열정적인 사랑의 감정을 유지한다는 게 가능한 일일까요?

플로베르 _ 슐레쟁제 부인이 아르누 부인의 모델이 되었다는 것은 전혀 근거 없는 말은 아닙니다. 사실 《감정 교육》에서 아르누 부인의 모습을 그리면서 슐레쟁제 부인을 많이 떠올렸고, 또 주인공 프레데리크의 아르누 부인에 대한 흠모의 감정을 표현할 때도 저 자신이 당시에 느꼈던 감정들을 참고로 했으니까요. 제가 트루빌 해변에서 슐레쟁제 부인을 처음 봤을 때 저는 열여섯의 사춘기 소년이었고, 그녀는 20대의 원숙미를 풍기는 아름다운 여인이었습니다. 사춘기 때는 번갯불처럼 강렬한 감정을 느낄 수 있는 법이지요. 하지만 거기에서 끝날 수 있었기에 그녀가 평생 동안 제 가슴속에 하나의 영상으로 간직될 수 있었던 것이고, 또 그녀가 저의 이상형이라고 불릴 수 있었던 것 아니겠어요? 만약 그녀와 제가 실질적인 사랑의 관계를 맺게 되었다면 그녀가 이상적인 여인상으로 남을 수 없었겠지요. 원래 이상적인 것이란 손이 닿지 않는 것, 그래서 더 안타깝고 더 아름다운 것이 아닐까요? 환상이 깨지지 않을 테니까요.

진인혜_ 사적인 일에 대해 외람된 질문을 드려서 죄송합니다. 그럼에도 솔직하게 답변해주셔서 감사하고요. 그럼 작품에 관한 이야기로 돌아갈까요? 선생님은 《보바리 부인*Madame Bovary*》을 통해 리얼리즘의 대가로 꼽히시는 분인데, 어떻게 《통상 관념 사전》과 같은 스타일의 작품을 구상하시게 되었는지요?

플로베르_ 아, 그 전에 꼭 드리고 싶은 말씀이 있습니다. 《보바리 부인》이 제 출세작이고 그 작품으로 인해 제가 유명세를 타게 된 것은 사실입니다만, 저는 마치 제가 다른 작품은 하나도 쓰지 않은 듯이 《보바리 부인》의 작가라고 불리는 것이 정말 싫습니다. 게다가 리얼리즘의 대가라는 말도 부인하고 싶고요. 사실 저는 당시 리얼리즘을 부르짖던 사람들의 면전에서 그들의 조잡한 문체를 비난하기 위해 《보바리 부인》을 썼습니다. 리얼리즘에 대한 증오로 그 소설을 쓴 것이지요. 세상을 있는 그대로 묘사하면서도 위대한 문장가일 수 있다는 것을 보여주고 싶었거든요. 그런데 아이러니컬하게도 그 작품이 리얼리즘의 대표작으로 불리게 되었더군요. 그럴 줄 알았으면 나중에 폴 알렉시스라는 사람이 제게 말했듯이, "샹

플뢰리와 리얼리스트를 자처하는 사람들의 조잡한 문체는 내 신경을 거슬리게 함으로써 이 작품을 쓰는 데 적지 않은 영향을 미쳤다. 서명 : 귀스타브 플로베르"라는 문구를 작품 서두에 집어넣을 걸 그랬습니다. 당시의 리얼리즘은 예술적인 '미'를 제쳐두고 현실적이고 정치적인 것에만 의의를 두고 있었기 때문에 저는 끝까지 리얼리즘을 거부했습니다. 더구나 무슨무슨 주의니 하는 도식적인 체계 자체도 제 기질과는 맞지 않았고요. 실제로 제 작품 중에는 리얼리즘으로 분류할 수 없는 것들이 더 많지 않습니까? 《성 앙투안의 유혹La Tentation de Saint Antoine》도 그렇고, 《살람보Salammbô》도 그렇고…….

진인혜＿ 선생님께서 리얼리즘을 끝까지 거부하셨다는 이야기는 저도 알고 있습니다. 그 때문에 졸라는 선생님께 실망했다고도 하더군요. 하지만 요즘에 이야기되는 리얼리즘은 1850년대 당시의 리얼리즘과 많이 다릅니다. 당시 리얼리즘 운동에 앞장섰던 사람들의 작품은 우리에게 별로 알려져 있지 않고, 오히려 선생님처럼 그에 반대했던 분들이나 무관심했던 분들의 작품이 진정한 리얼리즘 작품으로 손꼽히고 있지요. 당대의 현실을 다루면서도 예술적인 미를 잃지 않아야 예술 작품으로 인정받을 수 있고, 생경하고 조잡한 현실의 기록은 독자에게 외면당하는 것입니다. 더구나 요즘은 주관적 리얼리즘, 시적 리얼리즘, 게다가 환상적 리얼리즘에 이르기까지 리얼리즘의 성격도 다양해졌습니다. 거의 모든 문학 작품에 대해서 리얼리즘이 거론되고 있는 셈이지요. 예컨대 환상적인 작품이라 할지라도 어쨌든 독자에게 현실과 같은 효과와 긴장감을 줄 수 있어야 하니까요.

플로베르 _ 그런 의미에서라면 저도 구태여 리얼리즘을 거부할 필요가 없겠네요. 저 역시 모든 작품에서 독자에게 이야기가 거의 실제처럼 느껴지게 만들려고 애썼으니까요. 그래서 작품의 배경이 되는 장소를 직접 답사하기도 했고, 작품과 관련된 전문 서적도 무척 많이 읽었습니다. 글을 쓰기 위해서는 그와 관련된 모든 것을 알아야 한다고 생각했거든요. 《부바르와 페퀴셰》를 쓸 때는 전문 서적을 1,500권이나 탐독했지요. 그러나 제가 가장 중요하게 생각한 것은 언제나 예술적인 '미'였습니다. 그러니까 예술적인 미를 위해서 현실적인 효과를 주고자 했던 것이지, 현실을 재현하는 것이 목표는 아니었다는 얘기지요. 하지만 당시에 리얼리즘을 부르짖던 사람들은 지나치게 현실만을 강조했고, 독창적인 예술 작품으로서의 미는 무시했어요. 사실 저는 꼭 현실에 얽매여 작품을 구상하지는 않았습니다. 여러 가지 색깔의 작품을 다 써보고 싶었죠. 《통상 관념 사전》도 그런 의미에서 구상을 했던 것입니다. 그리고 《통상 관념 사전》과 같은, 일종의 인간의 어리석음에 대한 글을 써보고 싶다는 생각을 한 것은 일찍이 어린 시절부터였어요. 한 열한 살 때쯤이었던가요? 친구인 에르네스트에게 어리석은 이야기들을 쓰고 싶다고 얘기했던 것 같습니다. 그 나이에 뭘 안다고 벌써 인간의 어리석음을 운운했는지는 모르겠습니다만, 아무튼《통상 관념 사전》은 아주 일찍부터 제 뇌리에 자리잡고 있었던 셈이지요. 그리고 1850년경에는 친구 부이예에게 말했듯이 이미 완성돼 있었습니다. 하지만 제 생전에 발표되지 못했고, 나중에《부바르와 페퀴셰》의 부록으로 들어가게 되었지요. 이렇게 보면《통상 관념 사전》은《부바르와 페퀴셰》와 함께 제 평생의 화두였던 셈입니다.

진인혜_ 그렇다면《통상 관념 사전》은 애초에 하나의 독립된 작품으로 씌어졌으면서도《부바르와 페퀴셰》의 부록 형식을 취하게 되었다는 말씀입니까?

플로베르_ 그렇습니다. 1850년에 이미《통상 관념 사전》이 완성되었고, 저는 그 앞에다 좋은 서문을 붙이고 싶었습니다. 시사성이 있어서 성공할 거라고 생각했지만, 아무래도 기존 작품과는 양식이 판이하고 기이한 작품인 만큼 서문이 중요하다고 생각했거든요. 서문에서는 이 작품이 일반 대중들로 하여금 전통과 질서와 일반적 관습에 관심을 갖게 할 목적으로 만들어졌음을 밝히고, 또한 독자가 자기 자신이 조소의 대상이 되고 있다는 것을 눈치채지 못하도록 유도할 생각이었죠. 그런데 그런 서문을 쓴다는 것이 여간 어려운 일이 아니었습니다. 한 3, 4년간 서문 때문에 골치를 앓았으니까요. 그러다가 20여 년 후에 이르러《부바르와 페퀴셰》를 쓰면서 그것을 이 작품의 제2권으로 통합할 생각을 하게 되었죠. 20여 년이 넘게《통상 관념 사전》을 제 품에 간직한 채 다른 작품들을 썼으니, 사실 이것은 제 모든 작품의 주제가 보관되어 있는 일종의 박물관이라고도 할 수 있습니다. 세밀하게 읽어보면 저의 모든 작품들에 나왔던 주제들이 《통상 관념 사전》에 거론돼 있음을 알 수 있을 겁니다. 특히 《부바르와 페퀴세》와는 더욱더 긴밀한 관계에 있지요. 《통상 관념 사전》을 읽다 보면 《부바르와 페퀴세》에 나왔던 장면들을 다시 한번 떠올리게 되는 경우가 많거든요. 《통상 관념 사전》이 통상 관념을 직접적으로 제시하는 것이라면, 《부바르와 페퀴세》는 그것을 이야기를 구성하는 소설적인 차원에서 다룬 것이라고 할 수 있습니다.

진인혜 _ 《통상 관념 사전》에 대해, 문학 작품으로서의 문체도 고려하지 않았고 플로베르적인 작품도 아니라는 평이 있었던 걸로 아는데요.

플로베르 _ 말도 안 되는 평가입니다. 《통상 관념 사전》은 어리석음의 단순한 발췌나 목록이 아니라, 일상적인 단어의 기능을 바꾸는 일종의 코드 전환 작업에 의해서 산출된 것이므로 작가로서의 문체가 드러나지 않았다고 볼 수 없지요. 여기에 나타난 문체는 다양한 것을 추구하기보다는 구성 요소들의 동일화를 겨냥하는 것이라는 점에서 다릅니다. 물론 어조나 가리키는 대상 등에 이질적인 요소들이 분명히 존재하고 있지만, 그러한 이질성이 어떤 것이든간에 언어에 의해서 관계된 요소들이 단일화되는 결과를 초래하며, 그래서 결국 진실과 거짓을 구별할 수 없는 상태가 되는 것입니다. 저는 인간의 사고와 세계 역시 언어처럼 어리석다는 것을 보여줌으로써 한편으로는 언어와 사고의 관계, 다른 한편으로는 언어와 세계의 관계를 풍자해보고 싶었습니다. 사전의 형식을 취함으로써 그런 효과를 극대화한 것이지요. 사전이라는 형식을 취한 덕분에 단어에 대한 설명문은 이른바 분석적인 설명이 되어 필연적인 진실로 보이게 되기 때문입니다. 그런 구조 속에서는 결국 거짓도 진실과 동일시됨으로써 우스꽝스러운 결과를 낳게 되지요.

진인혜_ 그와 같은 우스꽝스러운 결과를 낳기 위해《통상 관념 사전》에서 특별히 사용하신 방법이 있습니까?

플로베르_ 글쎄요, 특별히 이러저러한 방법을 사용하겠다고 미리 작정한 것은 아니었지만 완성된 작품을 보면서 방법의 몇 가지 양상을 분류해볼 수는 있겠죠. 가장 대표적인 방법이 모순을 이용하는 것입니다. 통상 관념끼리 서로 대립시켜서 그 내용이 서로에 의해 중화되게 만드는 것이죠. 예를 들어 '공증인'이라는 항목과 '성직'이라는 항목을 비교해볼까요? '공증인'이라는 항목에서는 "이제는 공증인을 믿지 않는다"라는 부정적인 판단을 제시해놓았으면서, 또 '성직' 항목에 가서는 공증인의 직무를 성직에 대한 설명문으로 첨가시키는 바람에 두 항목 사이에서 모순이 드러나게 됩니다. 또한 '성직'이라는 항목은 여러 가지 직업에 똑같이 성직이라는 것을 적용함으로써, 각 직업의 개별적인 차이가 드러나지 못하고

각 직업 고유의 의미가 상실되는 결과를 초래하죠. "코냑-매우 해롭다. 여러 가지 질병에 아주 좋다", "학위-학식의 표시. 아무것도 증명해주지 않는다", "물 치료법-모든 질병을 없애기도 하고 일으키기도 한다", "수은-질병과 환자를 다 같이 죽인다" 같은 항목들도 마찬가지입니다. 하나의 항목에 대한 설명문 안에 서로의 의미를 무효화시키는 정반대의 요소들을 병치시킴으로써 생생한 모순을 보여주는 것이죠. 그러므로 독자는 그 어떤 경우에도 정확한 의미를 파악할 수 없고, 개별적인 가치에 대한 정의를 내릴 수 없게 됩니다.

또 불필요한 반복을 이용하는 방법을 들 수 있겠군요. 많은 항목이 여기에 속하지만, "나폴리-나폴리를 보고 죽으라!", "세비야-세비야를 보고 죽으라", "이브토-이브토를 보고 죽으라!" 같은 세 항목과 "겨울-언제나 이례적이다", "여름-언제나 이례적이다" 같은 두 항목을 예로 들어봅시다. 처음에는 구별되고 독립적이던 항목들을 동일한 통사적 구조로 다룸으로써 서로간의 차이점을 없애고 모두 똑같은 것으로 환원시키는 것입니다. 그래서 나폴리＝세비야＝이브토, 겨울＝여름이라는 우스꽝스러운 등식이 성립되지요. "흑인 여자-백인 여자보다 더 정열적이다", "갈색 머리 여자-금발 여자보다 더 정열적이다", "금발 여자-갈색 머리 여자보다 더 정열적이다"의 세 항목에서는 통상 관념에 의해서 야기되는 순환적인 사고에 사로잡히게 됩니다. 이러한 순환적인 사고 체계에서는 역시 개별적인 의미의 차이를 구별할 수 없게 되지요.

다음으로 비이성적 논리를 이용하는 방법도 눈여겨볼 수 있습니다. 즉 서로 적합하지 않은 전제와 결론을 채택하여 비정상적인 결과로 이끄는 논리의 허점을 부각시키는 방법이죠. 사회 언어에서 일반적으로 사용되는 논리적 추론 체계를 사용하면서, 모두가 타당한 것으로 받아들이는 논리 체계의 신빙성을 떨어뜨리는 것입니다. "머캐덤 도로-머캐덤 도로는 혁명을 소멸시켰다. 왜냐하면 더 이상 바리케이드를 만들 포석이 없게 되었기 때문이다", "오메가-그리스 알파벳의 두 번째 글자. 사람들이 알파와 오메가라고 말하니까", "지구-지구는 둥그니까 '지구의 네 구석'이라고 말할 것" 같은 항목들이 여기에 속합니다. 논리적으로 전혀 연결되지 않는 내용을 논리적인 추론 과정을 내포하고 있는 단어인 '왜냐하면'이나 '~니까'를 사용해 연결시킴으로써 독자를 혼란에 빠뜨리는 것이지요. 일반적으로 사람들이 쉽게 믿어버리는 연역적 혹은 귀납적 추론 방법의 부조리한 허점을 단적으로 드러내주는 것이라고 하겠습니다. "호메로스-웃는 방식으로 유명하다 : 호메로스의 웃음"과 같은 항목에서는 '왜냐하면'이나 '~니까' 같은 말 없이도 논리적 추론의 허점을 비웃게 만든다고 할 수 있습니다. 떠들썩한 웃음을 뜻하는 '호메로스의 웃음'이라는 프랑스어 표현을 구실로 호메로스를 웃음 때문에 유명한 인물이라고 설명해놓았으니까요. 때로는 예에 의해서 앞에 제시된 정의를 증명하는 방법도 사용했는데, 역시 같은 부류에 속합니다. "클라리넷-클라리넷을 연주하면 장님이 된다. 예 : 모든 장님이 클라리넷을 연주한다"라는 항목을 보십시오. 본래 예라는 것은 앞의 문장에 대해 예증의 역할을 해주는 것이며 앞에서 제시된 정의를 더 쉽게 받아들일 수 있도록 부연해주는 것이 아닙니까? 그러나 '클라리넷' 항목에서는 그 논리적 귀결이 타당하지 않습니다. 결국 잘못된 추론 방식은 또다시 앞의 전제를 무가치화하는 결과를 가져옵니다. 그러니까 통념적으로 분명하고 명쾌하다고 생각되는 추론 방식이나 '예'에 의한 증명은 오히려 앞의 정의가 포함하고 있는 모순을 더 잘 드러내주고, 그런 방식의 사용에 대한 신빙성을 떨어뜨리는 역할을 하게 되지요.

진인혜_ 상당히 도식적인 설명이군요.

플로베르_ 네. 하지만, 말씀드렸다시피 제가 처음부터 그런 도식을 가지고 작품에 임했던 것은 아닙니다. 완성된 작품을 가지고 분석을 해본다면 그런 식으로 정리될 수 있으리라는 얘기지요. 사실 그런 분석을 떠나서, 독자들이 그 아이러니컬함에 미소를 지을 수 있다면 그만이지요.

진인혜_ 《통상 관념 사전》에서는 현실적인 가치들이 전복되는 경우, 즉 일반적으로는 좋게 평가되는 것이 나쁘게 평가되고 일반적으로 부정적인 가치로 간주되는 것이 오히려 긍정적인 가치로 취급되는 경우도 많이 볼 수 있는데, 그 점에 대해서는 어떻게 생각하십니까?

플로베르_ 그거야 당연히 코드 전환 작업에 의해 의도적으로 만들어낸 효과지요. '예술가', '여배우', '사제' 같은 항목들이 그렇습니다. 예술가, 여배우, 사제는 일반적으로 좋게, 심지어 훌륭하게 생각되는 존재들이지만 그런 가치를 배제시키고 부정적인 시각을 제공해주는 것이죠. 뭐, 실제로 사회에서 그런 부정적인 측면이 있는 것도 사실 아닙니까?

진인혜_ 그렇지요. 제가 보기에는 바로 그런 점에 이 작품의 매력이 있는 것 같습니다. 가벼운 기교에 불과한 억지스러운 말장난을 늘어놓는 것이 아니라, 가만히 생각해보면 일면 머리를 끄덕일 수밖에 없는 상황을 제시해주니까요. 사람들은 부정적인 측면은 드러내지 않고 가능하면 감추려고 하는데, 《통상 관념 사전》에서는 오히려 부정적인 측면들이 확대돼 있어서 독자들로서는 더욱 당혹감을 느끼게 되는 것 같습니다. '코르셋'과 '우비'라는 항목도 참 재미있게 읽었습니다. 여성의 미를 살리기 위해 입는 코르셋이 아기를 갖지 못하게 하는 것으로 설명되어 있고, 비를 막아주는 우비가 발한을 막기 때문에 해로운 것으로 설명되어 있는 항목 말입니다. 코르셋이나 우비가 현실 속에서 좋은 가치를 지닌 것들인 만큼 현실적인 가치의 전복을 보여주는 대표적인 경우인 것 같습니다.

플로베르_ 그렇습니다. 의복뿐 아니라 음식물이나 신체의 건강에 대한 항목들에서도 역시 가치의 전복이 이루어져 있습니다. '자두'나 '멜론'이 열이 나게 하는 음식물로 설명되어 있는가 하면, 영양가 있는 대표적인 음식인 '우유'는 죽음과 파괴를 부르는 것으로 설명되어 있죠. 건강과 질병에 있어서도 가치가 전복되어 있습니다. 그럼에도 그 대부분은 독자들의 동의를 얻을 수 있었지만, 아마 다음과 같은 경우에는 동의를 얻기가 힘들 것 같군요. '부스럼', '옴', '동상', '치질'에 건강의 표시라고 설명해놓았으니까요. 반대로 '건강'에 대해서는 너무 건강하면 질병의 원인이 된다고 했고요. 현실적으로 우리가 너무 당연시하는 사실들을 피동적으로 받아들이기만 할 것이 아니라, 한번 뒤집어서 생각해보자는 의도이지요.

진인혜_ 성생활과 관련된 항목들도 제법 있는데, 그 경우도 모두 환희와 기쁨을 주는 정상적인 관계가 아니라 비정상적인 상태나 질병으로 연결되어 있더군요.

플로베르_ 정상적인 관계라면 풍자와 해학을 보여주고자 하는 《통상 관념 사전》에 들어갈 필요가 있겠습니까? 성과 관련된 항목 중에는 먼저 '아벨라르'와 '거세된 사람'처럼 자의에 의해서든 타의에 의해서든 성적인 특징을 박탈당해 성적인 고독의 상태를 표현하는 것이 있습니다. 그리고 '꼽추', '곰보', '남색가'처럼, 성적인 결합이 있다 할지라도 남자나 여자 어느 한쪽에 특권적이거나 변태적인 관계를 부여한 것이 있지요. 그렇다고 저를 변태 성욕자로 오해하지는 마십시오, 하하. 저는 비록 평생 독신이었지만 지극히 정상적인 성생활을 즐긴 사람입니다. 또한 '고환염'이나 '매독'과 같이 성과 관련된 질병을 다룬 항목도 있는데, 그것을 특별한 사람들이 겪는 질병이 아니라 누구나 가지고 있는 질병으로 설명함으로써 그 질병의 해악을 희석시킬 뿐만 아니라 모든 사람에게 성을 부정적인 가치를 지닌 것으로 인식시키게 됩니다.

진인혜＿ 결국 《통상 관념 사전》에서는 모든 단어들이 일반적으로 사람들이 기대하고 있는 바대로 사용되지 않는군요. 그래서 《통상 관념 사전》을 읽으면 지식의 점진적인 발전을 느끼게 되는 것이 아니라, 오히려 지식의 결핍과 혼란을 느끼게 되어 당혹스러워지는 거고요. 이 작품을 읽고 나면 함부로 어떤 단어를 입에 올리기가 조심스러워질 것 같아서 말입니다. 그렇다면 이 작품을 통해 선생님께서 얻고자 한 것은 무엇이었습니까? 독자들을 당혹스럽게 만드는 것이 이 작품을 쓰신 목적이었는지요?

플로베르＿ 그렇기야 하겠습니까. 《통상 관념 사전》의 목적은 특별히 어떠한 통상 관념이나 또는 그와 연결된 특정 계층의 사람들을 겨냥해 비판하는 것이 아니라, 일상적으로 사람들이 곧잘 행하는 확언의 공격적인 힘을 비판하는 것입니다. 우리가 별생각 없이 행하는 확언들이 얼마나 부정적인 측면, 또는 예기치 못한 측면들을 지니고 있는가를 다 같이 한번 생각해보자는 것이지요. 대부분의 사람들은 언어와 사고를 통해 이 세상과 접촉할 수 있으리라고 철석같이 믿고 있습니다. 하지만 《통상 관념 사전》의 풍자와 해학은 우리가 현실적인 의미와 가치를 포착하지 못한 채 세계의 외부에 남아 있으며 그러한 노력이 헛되다는 것을 보여주고 있습니다. 게다가 다수가 인정하는 것이 항상 옳은 것은 아니라는 것도 깨닫게 해줍니다. 그러한 자기 반성적인 깨달음은 한 번쯤은 우리 모두에게 필요한 것이 아닐까요?

진인혜_ 그렇군요. 더구나 겸손할 줄 모르고 자신의 작은 지식을 가지고 굉장한 것인 양 떠들어대는 사람들이 많은 요즘 그런 깨달음은 꼭 필요한 것이라고 생각됩니다. 마지막으로 한국의 독자들에게 하시고 싶은 말씀이 있으면 해주십시오.

플로베르_ 《보바리 부인》, 《감정 교육》, 《살람보》, 《부바르와 페퀴셰》 등 제 작품들은 대부분 아주 긴 장편 소설이기 때문에 독자들에게 다소 지루함을 주리라고 생각됩니다. 그 문체의 아름다움과 미묘함을 제대로 느낄 수 없는 다른 언어권 사람들에게는 더 그렇겠지요. 아마 한국의 독자들도 마찬가지일 겁니다. 《통상 관념 사전》은 아주 짧은 작품이니까 대단한 인내력이 필요하지는 않을 겁니다. 하지만 다른 문화권의 다른 유머와 해학을 이해한다는 것 역시 결코 쉬운 일은 아닙니다. 다행히 역자가 세세하게 주를 달아놓으셨으니, 독자들이 번거롭더라도 옮긴이주를 참고해 《통상 관념 사전》이 전하는 아이러니컬한 메시지를 모두 전달받을 수 있었으면 좋겠습니다. 비록 짧은 작품이지만 이 작품을 읽으면서 독자들이 때로는 미묘한 미소를, 때로는 쓰디쓴 미소를 지을 수 있기를 바랍니다. 이 작품이 긴 여운으로 남을 수 있기를 바랍니다. 《통상 관념 사전》은 단지 19세기의 산물에 불과한 구닥다리 작품이 아닙니다. 현대에도 얼마든지 빛을 발하는 해학으로 독자들에게 더욱 의미심장한 미소를 이끌어낼 수 있을 것입니다.

◆

귀스타브 플로베르

Gustave Flaubert

◆

귀스타브 플로베르Gustave Flaubert는 1821년 12월 12일, 아버지 아실 클레오파 플로베르가 수석 외과 의사로 일하던 루앙 시립 병원에서 태어났다. 어머니는 쥐스틴 카롤린이고, 당시 형 아실은 여덟 살이었다. 3년 후인 1824년에는 여동생 카롤린이 태어났는데, 귀스타브는 나이 차가 많은 형보다 여동생과 더 친하게 지냈다. 그들의 우애는 카롤린이 결혼할 때까지 계속 유지되었다.

귀스타브가 자신이 작품을 출판한 작가가 되었다고 어린 시절 친구인 에르네스트에게 말한 것은 열한 살 때인 1831년의 일이었다. 〈코르네유에 대한 찬사〉라는 짧은 글을 두고 한 말이었는데, 물론 책으로 출판된 것은 아니고 에르네스트의 외삼촌이 복사해서 책처럼 만들어준 것이었다. 아무튼 나중에 귀스타브가 대학에서 법률 공부를 했음에도 불구하고, 그가 일찍이 어린 시절부터 문학에 대한 소양과 관심을 가지고 있었음을 보여주는 대목이다. 다음해인 1832년 루앙의 중등학교 콜레주 루아얄에 입학한 귀스타브는 루이 부이예를 만나 절친한 친구가 되었고, 1834년에는 손으로 직접 쓴 잡지 《예술과 진보》를 발행했다. 그리고 1836년까지 초기의 여러 소품을 썼고, 여름에는 휴가를 보내던 투르빌 해변에서 풍만한 가슴을 지닌 20대의 기혼녀 슐레쟁제 부인을 만나 열정적인 사랑의 감정을 느낀다. 처녀 때의 성이 푸코인 엘리자 슐레쟁제 부인은 일생 동안 그의 흠모의 대상으로 남으며, 훗날 《감정 교육》의 여주인공인 아르누 부인의 모델이 된다.

1837년 플로베르는 2월과 3월에 각각 〈장서벽〉과 〈박물학 강의〉를 루앙에서 발행되는 문예 신문 《르 콜리브리》지에 처음으로 발표한다. 1838년에는 〈고뇌〉를 쓰고, 첫 번째 자서전적인 이야기 〈광인의 회상〉을 완성한다. 1839년에도 계속해서 〈스마르〉, 〈마튀랭 박사의 장례식〉 등을 쓰지만, 연말에는 콜레주 루아얄에서 쫓겨나 혼자서 대학입학 자격시험을 준비한다. 1840년 8월, 대학입학 자격시험에 합격한 후 클로케 박사와 함께 피레네 산맥과 코르시카를 여행하고 여행 일지를 기록한다. 그리고 마르세유에서 욀랄리 푸코를 만나 뜨겁고도 강렬한 육체적인 관계를 맺는다. 루앙으로 돌아와 거의 1년을 무위도식한 플로베르는 1841년에 드디어 파리 법과 대학에 등록한다. 1842년에 제비 뽑기 덕분에 군 입대를 면제받은 플로베르는 열의 없이 법학을 공부하는 가운데 콜리어 가족, 프라디에 가족, 슐레쟁제 가족 등과 친분을 맺는다. 같은 해인 1842년 10월에는 두 번째 자서전적 이야기 〈11월〉을 완성한다. 1843년에는 2월에 《감정 교육》 제1고에 착수하며, 8월에 2학년 진급에 실패한다.

1844년에 플로베르는 그의 생애에서 아주 중요한 사건을 만나게 된다. 1월에 형 아실과 함께 도빌에서 돌아오는 길에 퐁 레베크 거리에서 신경성 발작을 일으켜 마차에서 떨어진 것이다. 이 사건은 적성에 맞지 않는 법학 공부를 포기하는 계기가 되어주었다. 학업을 중단한 그는 루앙 교외의 크루아세에서 칩거하며 본격적인 창작 활동을 시작한다. 다음해인 1845년 1월에 《감정 교육》 제1고를 탈고하지만, 이 작품은 플로베르가 죽은 지 30년이 지나서야 발표된다. 같은 해 3월에 누이동생 카롤린이 에밀 아마르와 결혼하고, 가족들은 이 신혼 부부와 함께 이탈리아를 여행한다. 1년 후 아버지가 사망하고, 연이어 누이동생이 자기와 같은 이름의 딸을 남기고 사망한다. 그리하여 플로베르는 어머니와 함께 크루아세에서 조카딸 카롤린을 기르게 된다. 1846년 7월, 파리 여행 중에 프라디에의 집에서 여류 시인 루이즈 콜레를 만나게 되면서 그녀와의 오랜 관계가 시작된다.

1848년 2월 그는 친구 뒤 캉, 부이예와 함께 파리에서 2월 혁명의 현장을 목격하는데, 이때의 체험은 훗날 《감정 교육》 결정고에 자세하게 기록된다. 3월에는 크루아세에서 루이즈 콜레에게 절교의 편지를 보내고, 이어 5월에 《성 앙투안의 유혹》 제1고를 쓰기 시작한다. 1849년 9월에는 《성 앙투안의 유혹》을 탈고해 뒤 캉과 부이예에게 32시간에 걸쳐 열정적으로 낭독해주지만, 친구들은 실패작이라고 단언하며 불구덩이에 던지라고 한다. 낙심한 플로베르는 11월에 막심 뒤 캉과 함께 동방 여행을 하기 위해 마르세유에서 배에 오르는데, 이 여행 중에 《보바리 부인》을 착상하게 된다.

플로베르는 1년 반 동안 이집트, 베이루트(이곳에서 그는 성병에 감염된 듯하다), 예루살렘, 콘스탄티노플, 그리스, 이탈리아를 여행한다. 1851년 7월에 루이즈 콜레와의 관계가 다시 시작된다. 9월 19일에는 《보바리 부인》에 착수하며, 12월에는 나폴레옹의 쿠데타를 목격한다. 이후 1854년까지 파리와 망트를 오가며 루이즈 콜레와의 관계를 지속하다가 10월에 그녀와 완전히 결별한다.

1856년 4월에 드디어 《보바리 부인》이 완성되었고, 이것은 뒤 캉의 잡지 《라 르뷔 드 파리》에 원고의 일부가 삭제된 채 10월부터 연재된다. 친구들에게 혹평을 받은 《성 앙투안의 유혹》에 대해 미련을 떨치지 못하고 있던 플로베르는 같은 해인 1856년에 제2고를 쓰고, 12월에 고티에의 잡지 《라르티스트》에 부분적으로 발표한다. 그런데 문제는 《보바리 부인》이었다. 1857년 1월, 대중적이고 종교적인 도덕과 미풍양속을 해쳤다는 이유로 플로베르와 《라 르뷔 드 파리》지가 기소된 것이다. 하지만 이 재판에서 무죄 판결을 받음으로써 《보바리 부인》(미셸 레비에 의해 출판)은 오히려 대중의 관심을 끌게 되어 굉장한 성공을 거두고, 플로베르를 단번에 유명 작가로 만들어준다.

이제 명실공히 베스트 셀러 작가가 된 플로베르는 1857년 9월부터 또 다른 소설 《살람보》를 쓰기 시작한다. 1858년에는 파리의 사교계에도 출입하며, 생트 뵈브, 고티에, 르낭, 보들레르, 페도, 공쿠르 형제 등과 친분을 나눈다. 4월에 《살람보》를 위해 카르타고를 여행한 뒤 크루아세로 돌아가 다시 집필에 몰두한다. 마침내 1862년에 《살람보》를 탈고해 11월에 출판한다. 이 작품은 많은 논란을 불러일으켰지만, 곧 성공을 거두어 사교계 여자들에게 살람보 스타일의 옷을 유행시키기도 했다.

1863년에 조르주 상드와의 서신 왕래를 시작하게 되며, 마틸드 공작 부인과 교유하며 그녀의 비호를 받는다. 또한 마니의 저녁 모임에 참가하면서 투르게네프를 만나게 된다. 1846년에는 조카딸 카롤린이 목재상 에르네스트 코망빌과 결혼하고, 플로베르는 《감정 교육》을 쓰기 시작한다. 1866년에 그는 레지옹 도뇌르 훈장 수훈자로 선정되는 영예를 안는다. 그러나 조카사위 코망빌의 재정적인 어려움 때문에 플로베르 역시 경제적으로 어려움에 처하게 되고, 이는 그의 말년을 괴롭히게 된다.

1869년 5월에 《감정 교육》을 탈고하고 11월에 발표하지만, 대중과 언론으로부터 혹평을 받아 플로베르는 크게 실망한다. 보불 전쟁이 발발한 1870년에는 시국에 대해 불안을 느끼면서도 먼저 부이예의 희곡 작품 〈나약한 성〉을 손보고, 이어

《성 앙투안의 유혹》에 다시 매달린다. 보불 전쟁으로 인해 노장의 친척들이 크루아세로 피신해 오고, 카롤린은 프로이센군을 피해 영국으로 피신한다. 플로베르도 국민군 중위로 복무한다. 11월에는 결국 프로이센 군대에 의해 크루아세가 점령되는 치욕을 겪는다. 1871년 1월 휴전이 이루어지고, 11월에는 과부가 된 슐레쟁제 부인이 크루아세를 방문한다. 플로베르의 《감정 교육》에는 초로의 아르누 부인이 주인공 프레데리크를 찾아오는 에피소드가 있는데, 마치 그 소설처럼 그가 일생을 두고 마음속으로 사랑해온 엘리자 슐레쟁제의 방문을 받은 것이다. 현실을 예견한 듯한 이 소설 전개는 많은 사람들의 입에 회자되었다.

1872년 4월에 어머니가 사망하고, 여름에 《성 앙투안의 유혹》이 완성된다. 그리고 드디어 그는 적어도 20년 전부터 생각해온 《부바르와 페퀴셰》의 준비 작업에 본격적으로 착수한다. 2년 후인 1874년에는 희곡 〈후보자〉를 써서 보드빌 극장에 올렸다가 처절한 실패를 맛보고, 또한 《성 앙투안의 유혹》을 출판한다. 1875년에는 조카딸의 파산을 막기 위해 재산을 정리하고 생활비를 줄인다. 간신히 크루아세의 양도만은 피할 수 있었으나, 플로베르는 말년에 닥친 경제적 어려움에 많이 우울해한다. 《부바르와 페퀴셰》 집필에 있어서도 많은 어려움을 느낀 플로베르는 1875년부터 1877년까지 〈성 쥘리앵 전La Légende de Saint Julien l'Hospitalier〉, 〈단순한 마음 Un Coeur simple〉, 〈에로디아스Hérodias〉라는 세 단편을 써서 《세 가지 이야기 *Trois Contes*》라는 책으로 출판한다. 그리고 중단되었던 《부바르와 페퀴셰》 집필을 다시 시작한다. 이후 2년여 동안 그는 건강 악화와 경제적 문제로 어려움을 겪으며, 마자린 도서관 명예직의 수입과 연금으로 생활고를 해결한다.

이렇게 어려운 상황에서도 1880년 부활절에는 졸라, 공쿠르, 도데, 모파상, 샤르팡티에와 함께 크루아세에서 모임을 갖는다. 플로베르는 그 해 5월 8일 파리 여행을 준비하던 중에 크루아세에서 뇌일혈로 사망해 11일에 루앙에 묻혔다. 그가 죽은 지 약 1년 후인 1881년 3월, 그가 평생 동안 꿈꾸다가 유작으로 남기고 간 《부바르와 페퀴셰》가 출판되었다.

1) 샹포르Nicolas de Chamfort(1741~1794)는 프랑스의 모랄리스트다.

2) 베랑제Pierre Jean de Béranger(1780~1857)는 프랑스의 시인이다.

3) 'God save the King'은 '신은 왕을 보호하신다'라는 뜻인데, '세이브 save-보호하다'에 해당하는 프랑스어가 '프레제르베préserver'이기 때문에 이에 맞추어 '세이브'가 아닌 '사베'로 발음한다는 것이다.

4) 아들의 머리 위에 사과를 얹어놓고 명중시켰다는, 스위스에 전해 내려오는 빌헬름 텔의 전설을 가리킨다. 프랑스에서는 그를 기욤 텔이라 부른다.

5) '건립'에 해당하는 프랑스어 érection에는 '발기'라는 뜻도 있다.

6) 조류. 참새목 까마귓과의 한 종.

7) 고르디아스는 그리스 신화에 나오는 프리기아의 왕이며, 고르디온 시의 창건자이다. 이 도시의 아크로폴리스에는 그가 바친 전차가 있었는데, 그 수레의 채(轅)에는 대단히 복잡한 매듭이 있었다. 그 매듭을 푸는 자에게는 아시아 지배가 약속되어 있었으나 아무도 풀지 못했다. 그러나 알렉산드로스 대왕이 원정 도중 이곳에 들러 칼로 매듭을 잘랐다. 그리하여 '고르디아스의 매듭을 자르다'라는 프랑스어 표현은 비상 수단으로 어려운 문제를 해결하는 것을 뜻한다.

8) 소, 말, 양 등의 시력을 약화시키는 병.

9) 프랑스어로 '고양이'는 chat이고, '거세하다'라는 동사는 châtrer이다.

10) 구약 성서 〈에스겔〉 38~39장에 나오는 인물로, 마곡이라는 땅의 군주.

11) 프랑스어에서 '공포horreur'는 복수로 쓰이면 '외설스러운 말'이라는 뜻이 된다.

12) 파리의 굴뚝 청소부를 가리키는 속어이다.

13) 럼주 또는 브랜디에 설탕, 레몬, 더운 물을 섞어 마시는 음료.

14) 프랑스어로 '그룹groupe'은 회화·조각의 군상을 뜻하기도 한다.

15) 보쉬에Jacques Bénigne Bossuet(1627~1704)는 프랑스의 고위 성직 자이자 신학자이며 작가다.

16) 우자르houzard는 기병을 나타내는 위사르hussard의 옛말이다.

17) 속담. 흔해빠진 경구에 대해 농담조로 하는 말이다.

18) '나막신을 신고 파리로 올라왔다'는 표현은 무일푼으로 시작해 출세 했다는 뜻이다.

19) 프랑스의 지명으로 예로부터 나사 생산지였으며 아직도 섬유 산업이 주를 이루고 있다.

20) 이탈리아 고대 도시의 반(半)전설적인 이름. 현재의 나폴리 근처.

21) '낙타처럼 절제하다'라는 표현은 대단히 검소하다는 뜻이다.

22) 넥타르는 그리스 신화의 신들이 마시는 음료이고, 암브로시아는 그들 이 먹는 음식이다.

23) 옛날 스파르타에서 아들에게 술의 해독을 보여주기 위해 노예에게 술 을 마시게 했다는 이야기가 내포되어 있다.

24) 카드 놀이의 일종.

25) 카드 놀이의 일종.

26) 카드 놀이의 일종. 주로 두 사람이 한다.

27) 카드 놀이의 일종. 두서너 사람이 한다.

28) 둘 다 카드 놀이의 일종.

29) 플로베르가 여기서 제시하고 있는 것과 달리 이 책에 '백인 여자' 항 목은 따로 없다.

30) 당통Georges Danton(1759~1794)은 프랑스의 혁명가이자 정치가 로, 프랑스 혁명의 지도적 역할을 했다.

31) 그리스의 섬으로 여기서 흰 대리석이 많이 산출된다.

32) 고대 그리스 최고의 웅변가, 정치가. 그의 이름으로 전해지는 61편의 연설 중 특히 유명한 것은 《필리포스 탄핵 제1~제3*Philippika*》(마케도 니아 왕 필리포스 2세를 공격하는 연설)을 비롯한 정치 연설이다. 처음 에는 조화롭고 세련된 문체였으나, 차차 정열적인 개성이 분출하면서

중후함과 더욱 강해진 기세로 사람을 압도하는 문체가 되었다.

33) 뒤퓌트랑Guillaume Dupuytren(1777~1835)은 프랑스 외과병리학의 선구자다.

34) 로마 신화에 나오는 달의 여신으로 수렵과 순결의 수호신.

35) 록슬란(1505~1559)은 터키 회교국의 왕비다.

36) 롱사르Pierre de Ronsard(1524~1585)는 프랑스의 시인으로, 프랑스어를 더없이 순결한 그리스어, 라틴어의 위치로까지 끌어올리려는 이상을 가지고 공동 선언《프랑스어의 옹호와 현양》을 발표했다.

37) J. B. 루소Jean-Baptiste Rousseau(1671~1741)는 프랑스의 시인으로 당대에는 유명했다. J. J. 루소Jean-Jacques Rousseau(1712~1778)는 프랑스의 작가이자 사상가다.
    17세기의 유명한 극작가 코르네유Corneille의 경우에도 피에르 코르네유와 토마 코르네유 두 사람이 있는데, 이들은 정말로 형제였다.

38) 리외는 거리를 나타내는 단위로 1리외는 약 4킬로미터 정도이다.

39) 리트레Maximilien Paul Émile Littré(1801~1881)는 프랑스의 의사이자 철학자, 언어학자다.

40) 10세기경부터 이슬람 사회의 군인 엘리트층을 형성한 백인 노예. 맘루크로 구입된 노예들은 투르크인, 키르카시아인 외에 몽골인, 쿠르드인, 그리스인, 아르메니아인 등이었다.

41) 매킨토시Charles Mackintosh(1765~1832)는 스코틀랜드 태생의 영국의 평론가이자 정치가다.

42) 맬서스Thomas Robert Malthus(1766~1834)는 영국의 경제학자로, 주요 저서로《인구론An Essay on the Principle of Population》이 있다.

43) 루에르Eugène Rouher(1814~1884)는 프랑스의 정치가로 멕시코 원정을 주장했다.

44) 문설주(의 권리)란 초야권을 나타내는 상징으로, 하녀의 신혼 첫날밤 침대에 봉건 영주가 다리를 올려놓는 권리를 말한다.

45) 'eau de Cologne'는 직역하면 '쾰른(독일의 도시)의 물'이지만 원래

는 오드콜로뉴, 즉 화장수를 가리킨다.

46) '비가 억수같이 내린다'는 뜻.

47) 프랑스의 지명으로 상업의 중심지.

48) 프랑스어로 châtaigne와 marron은 둘 다 밤[栗]을 뜻하는데, 전자는 여성형이고 후자는 남성형이다.

49) 페늘롱François de Salignac de la Mothe Fénelon(1651~1715)은 프랑스의 종교가이자 소설가다. 훗날 정적주의에 심취해 정통 신앙을 옹호하는 사람들과 격렬한 논쟁을 벌였는데 정적주의가 로마 교황에 의해 단죄되자 대주교로서 캉브레에 유배되어 고독하게 생애를 마쳤다.

50) 이탈리아의 도시. 고대 로마 최고의 시인 베르길리우스가 만토바 근교의 농가에서 태어났다.

51) 이탈리아의 도시. 이탈리아의 작곡가 로시니가 페사로 태생이다.

52) 기원전 1세기의 로마의 정치가. 시칠리아 섬의 지방 장관으로서 불법적인 세금으로 도시를 괴롭히고, 예술품과 공공 기념물이나 사원을 약탈했다.

53) 오비디우스(기원전 43~기원후 18)는 로마의 시인으로 그의 작품 가운데 가장 유명한 것은 서사시 형식으로 씌어진 15권의 《변신 이야기》이다. 카이사르에 관한 이야기를 비롯해 주로 전승 신화, 전설 속의 변신 이야기를 다루었다.

54) 뷔퐁George-Louis Leclerc de Buffon(1707~1788)은 프랑스의 철학자이자 박물학자다.

55) 뒤 바리Jeanne Bécu du Barry(1743~1793)는 루이 15세의 애첩으로, 왕이 죽은 후 궁정을 떠나 루이 15세가 그녀를 위해 지어준 성에서 살았으며, 대혁명 때 체포되어 단두대에서 죽었다.

56) 쏜살같이 달린다는 뜻의 프랑스어 표현.

57) 〈창세기〉 10장 8~11절에 나오는 인물. 구스의 아들로 야훼도 인정한 힘센 사냥꾼.

58) 농경의 신 사투르누스를 위한 제례.

59) 사포는 고대 그리스 최고의 미모의 여류 시인이고, 아도니스는 그리스 신화에 나오는 미소년이다.

60) 생트 뵈브Charles Augustin Sainte-Beuve(1804~1869)는 프랑스의 비평가이자 시인이며 소설가다.

61) 샤토브리앙François-René de Chateaubriand(1768~1848)은 프랑스 낭만파 문학의 선구자다.

62) 1572년 8월 24일 프랑스에서 구교도가 벌인 신교도 대학살.

63) 기원전 1세기의 로마의 스토아 철학자.

64) 송브뢰유Sombreuil(1769~1795)는 프랑스의 장교로 1792년에 망명 해 프로이센 군대에서 복무한 후 영국으로 망명했다. 나중에는 공화주 의 군대에 밀려 체포된 후 총살당했다.

65) 〈창세기〉 38장 4~10절에 나오는 인물. 유다의 아들. 맏아들이 죽자 유다는 오난에게 형수에게 장가 들어 형의 후손을 남기라 했다. 그러 나 오난은 형의 후손을 남기지 않으려고 형수와 잠자리에 들었을 때 정액을 바닥에 흘렸다. 여기에서 오나니즘(수음)이라는 말이 파생되 었다.

66) 여기서 좋은 수탉은 '정력적인 남자'를 뜻하기도 한다.

67) 스퀴데리Madeleine de Scudéry(1607~1701)는 프랑스의 여류 작가 다.

68) 메리 스튜어트Mary Stuart(1542~1587)는 스코틀랜의 여왕이다. 남 편과의 사이가 원만하지 않던 중 남편이 보드웰 백작에게 암살당하고 그녀가 보드웰과 재혼하게 되자, 귀족들이 반란을 일으켰다. 결국 그 녀는 아들 제임스 6세에게 양위하고 로크리븐 성에 갇혔다. 이듬해 탈 출에 성공하여 영국의 엘리자베스 1세의 보호를 받으려고 했지만 도 리어 감금당하고 역모 사건에 연루되어 처형당한다.

69) 기원전 510년에 멸망한 그리스의 도시. 지금의 이탈리아 남부에 해당 한다. 기원전 6세기 후반에 최성기를 맞이했는데, 이러한 부강은 시민 의 사치와 나태한 생활을 촉진했다. 이 때문에 지금도 무위도식하는

사람을 지칭할 때 시바리스인이라는 말이 쓰인다.

70) 프랑스에서는 애도를 상징하는 식물.

71) 아듀adieu는 영원한 작별을 뜻한다.

72) '난 알아냈다'라는 뜻의 그리스어.

73) 아벨라르Pierre Abélard(1079~1142)는 프랑스의 저명한 스콜라 철학자이자 신학자로 여제자 엘로이즈와의 연애 사건으로 유럽을 떠들썩하게 했다. 그리하여 엘로이즈의 삼촌인 퓔베르가 그를 거세시켰다.

74) 여성용의 순한 말.

75) 그리스 신화에 나오는 영웅으로 호메로스의 서사시 《일리아스》의 중심 인물. 트로이 전쟁에서 가장 고결한 영웅으로 알려졌으며, 발이 빨라 준족(駿足)의 대표자로도 알려졌다.

76) 거짓 눈물을 뜻한다.

77) 1세기 초의 로마의 노예. 노예 생활에서 도망친 그는 산중의 동굴에서 상처가 곪아 죽어가는 사자를 구해주고 친구가 된다. 그 후 그는 체포되어 야수에게 물려 죽게 되었는데, 마침 우리에서 뛰어나온 사자가 바로 그가 구해준 사자였다. 덕분에 그는 생명을 건졌고, 노예 신분에서 해방되어 그 사자와 함께 로마에서 살았다.

78) 영국의 옛 이름.

79) 기원전 4세기의 아테네 정치가, 무장. 정치적·군사적 재능과 준수한 외모를 타고났으나, 무절제와 사리사욕에 치우쳐 펠로폰네소스 전쟁에서 고국인 아테네를 패배로 이끄는 원인을 제공했다. 프랑스어에는 '알키비아데스의 개의 꼬리를 자르다'라는 표현이 있는데 이는 사람들의 주의를 끌려고 괴상한 짓을 한다는 뜻이다.

80) 아테네의 장군 페리클레스의 애인. 기원전 440년대 초 아테네로 이주하여 창녀가 되었으며, 재색을 겸비했고 상냥한 성품으로 사교계의 여왕이 되었다.

81) 구약 성서의 인물. 다윗 왕의 아들로, 누이동생을 욕보인 의붓형 암논을 죽이고 부왕에게 반기를 들었다가 요압에게 죽임을 당했다.

82) 독한 양주의 일종. '괴로움', '고난'이란 뜻도 있다.

83) 사막 지방의 한 아랍족.

84) 아브드 엘 카데르(1808~1883)는 알제리의 반프랑스 운동 지도자. 1830년에 프랑스가 알제리를 점령하자 아라비아인 해방을 위한 지도 자가 되었고, 1832년에 에미르에 취임했다.

85) 고대 그리스의 철학자로, 에피쿠로스 학파의 창시자.

86) 그러나 사실 오메가는 그리스 알파벳의 맨 마지막 글자이다.

87) 터키 제후의 존칭.

88) 오펜바흐Jacques Offenbach(1819~1880)는 프랑스 제2제정 시대의 대표적인 작곡가다.

89) '용법'을 뜻하는 라틴어. '아드 우숨 델피니ad usum Delphini'는 루이 14세의 아들 도팽Dauphin을 위해 만들어진 훌륭한 책을 뜻하는데, 이 책에서는 생경한 표현들이 삭제되기도 했다. 따라서 이 문구는 '제멋대로 삭제하고 정리한 책'이라는 뜻으로 풍자적으로 사용되기도 하며, 플로베르는 또한 이것을 풍자적으로 설명하고 있다.

90) 프랑스어로 유곽은 une maison de tolérance, 즉 '관대함의 집'으로 표현된다.

91) 유럽 최대의 프랑스 유리 제조 회사.

92) 르 베리에Urbain Le Verrier(1811~1877)는 프랑스의 천문학자다.

93) 양력에 비해 음력이 모자라는 날수, 보통 11일.

94) 프랑스의 국가(國歌). 라인 강변으로 출정하는 용사들의 심경을 그린 것으로 밝은 선율이 평범하고 호전적인 가사를 살려준다. 따라서 품성을 부드럽게 해주는 음악의 예로는 사실 부적당하다.

95) 프랑스 루앙 근처의 도시.

96) 라신의 작품 《페드르Phèdre》에 나오는 인물. 페드르는 전처 소생의 아들이 이폴리트를 남몰래 사랑한다. 이폴리트가 다른 여자를 사랑하는 것을 알고 질투심에 사로잡힌 그녀는 남편 테제에게 이폴리트가 자신을 유혹하려 했다고 거짓말을 함으로써 그를 죽게 만든다.

97) 탈레랑Charles-Maurice de Talleyrand(1754~1838)은 프랑스의 정치가이자 외교관이다. 프랑스 혁명 후 국민회의 의장을 역임했고, 나폴레옹을 등장시키는 산파 역할을 했다.
98) 티에르Louis-Adolphe Thiers(1797~1877)는 프랑스의 정치가이자 역사가다.
99) 라피트Jacques Laffitte(1767~1844)는 프랑스의 은행가이며 정치가. 공중인의 서기였다가, 은행가 페르고의 은행에 입사한 후 그의 후계자가 되었다.
100) 쿠쟁Victor Cousin(1792~1867)은 프랑스의 철학자로, 그의 철학은 선인들이 긍정하는 여러 학설을 상호 모순 없이 종합, 통일하는 것을 지향하는 절충주의이다.
101) 화농균이 들어가서 생기는 부스럼의 일종.
102) '제노바'에 해당하는 프랑스어 Gênes은 '불편한'이라는 뜻의 gêne과 발음이 같다.
103) '밀 사보르mille sabords!'는 해군들 사이에서 흔히 쓰이는 욕설. 직역하면 '축생(畜生)'이란 뜻도 되고 '수많은 현창'이라는 뜻도 된다.
104) 종두칼lancette이란 의학용으로 쓰이는 뾰족한 칼을 말한다.
105) '지갑'에 해당하는 프랑스어 portefeuille에는 '장관직'이라는 뜻도 있다.
106) 둥근 형태에는 구석이라 할 만한 것이 없는데, '~니까'라는 연결어미를 이용하여 비논리적인 내용을 마치 논리적인 단언처럼 제시한다.
107) 그리스 신화에서 풍요, 성욕의 상징.
108) 다섯 명의 집정관으로 조직된 1795~1799년의 프랑스 혁명 정부.
109) 프랑스어로 참새는 moineau이고 수도승은 moine이다.
110) Félicité, 보통 명사로 쓰이면 천복이라는 뜻이다.
111) 팔리에로Marino Faliero(1274~1355)는 베네치아 공화국 비밀 법정의 의장이었으며, 1354년에 총독으로 선출되었다. 이 집안에서는 세

명의 베네치아 총독이 배출되었다.

112) 브리야 사바랭Jean Anthelme Brillat-Savarin(1755~1826)은 프랑
스의 행정관이자 미식가, 작가다.

113) 피아크르Fiacre(610~670)는 골 지방으로 온 스코틀랜드의 은둔자다.

114) 바야르Pierre Terrail Bayard(1475~1524)는 프랑스의 귀족으로, 샤
를 8세, 루이 12세, 프랑수아 1세에 걸쳐 여러 전투에서 공을 세웠다.
전설 속에서 '두려움 없는 기사'라고 불린다.

115) 기원전 4세기 전반의 시라쿠사 사람. 디오니시우스 왕은 그를 호화로
운 연회에 초대해 말의 꼬리털 하나로 매달아놓은 칼 바로 아래 앉히
고 왕위가 항상 위험에 처해 있음을 깨닫게 했다. 이 이야기에서 절
박한 위험을 뜻하는 '다모클레스의 칼'이라는 속담이 생겼다.

116) 프랑스어에 '눈에 컴퍼스를 가지고 있다'라는 표현이 있는데 이것은
눈대중이 정확하다는 뜻이다.

117) 코파이바 나무 줄기에서 추출한 수지 기름으로 옛날에는 하제와 같
은 약으로 사용되었다.

118) 최저 여성음.

119) 오렌지 껍질로 만든 술의 이름인 동시에, 서인도 제도의 한 섬인 쿠
라사우의 프랑스식 이름이기도 하다.

120) 퀴자스Jacques Cujas(1522~1590)는 프랑스의 법률가로 혼자서 라
틴어와 그리스어를 독학한 뒤 법학에 전념했으며, 학생들을 열정적
으로 가르쳤다. 샤를 9세와 앙리 3세에게 특별 대접을 받은 그는 종
교 전쟁에서 중립을 지켰다.

121) 프랑스어에 '타조의 위를 가지고 있다'는 표현이 있는데 이것은 튼튼
한 위를 가지고 있다는 뜻이다.

122) 태양신의 아들.

123) 아테네의 수호신으로서 군시를 관장하는 여신.

124) 서아시아의 시리아 사막 가운데 있는 폐허. 구약 성서에는 솔로몬 왕
이 세운 다드몰이라는 도시로 알려져 있다.

125) 럼주에 레몬즙, 홍차, 설탕, 계피 따위를 섞은 음료.

126) 마크 마옹Mac-Mahon(1808~1893)은 프랑스의 군인이자 정치가다.

127) 나체 조각품에서 표현되는, 포도나무 잎 모양의 국부 가리개를 뜻한다.

128) 로마의 빵집 주인의 딸로, 라파엘로의 정부가 되어 그에게 많은 영감을 주었다.

129) 수도원의 이름이기도 하고, 프랑스 비평가 생트 뵈브의 작품명이기도 하다. 그 작품은 17세기를 중심으로 포르루아얄 수도원의 종교 운동이 당시의 문학이나 사회에 어떤 영향을 미쳤는가를 역사적으로 서술한 것으로, 19세기 비평 작품의 걸작으로 꼽힌다.

130) 블랑키Louis Auguste Blanqui(1805~1881)는 프랑스의 사회주의 이론가이자 혁명론자다.

131) 프라동Jacques Pradon(1644~1698)은 프랑스의 극작가로, 라신의 《페드르》를 실패로 이끈 동명의 작품을 썼으나, 대중으로부터 일시적인 성공을 얻었을 뿐 대작가는 아니었다.

132) 1495년 포르노보 전투와 관련된 말이다.

133) 닭, 토끼, 송아지 고기 따위를 화이트 소스로 찐 요리.

134) 도를레앙 에갈리테Philippe d'Orléans-Égalité(1747~1793)는 프랑스의 정치가다. 프랑스 국왕 루이 16세와 적대하여 1789년 10월 사건(왕권 정지) 후 영국에 망명했다. 1792년 9월 파리에서 국민공회 의원으로 선출되어 루이 16세의 처형에 찬성 투표를 했는데, 그 자신도 혁명재판소에 의해 사형에 처해졌다.

135) 해안 경비병을 뜻하는 garde-côte의 복수형 gardes-côtes는 여자의 젖가슴을 가리키는 은어이기도 하다.

136) 독일의 도시.

137) 헝가리 보병은 에뒤크heiduque이고 내시는 외뉘크eunuque라서 발음이 비슷하다.

138) 유태의 왕.

문학의 세계

통상 관념 사전

초판 1쇄 발행   2003년 7월 30일
개정 1판 1쇄 발행   2007년 7월 5일
개정 2판 1쇄 발행   2023년 1월 6일
개정 2판 4쇄 발행   2025년 11월 10일

지은이   귀스타브 플로베르
옮긴이   진인혜
펴낸이   김준성
펴낸곳   책세상
등   록   1975년 5월 21일 제 2017-000226호
주   소   서울시 마포구 월드컵로23길 38, 2층 (04011)
전   화   02-704-1251
팩   스   02-719-1258
이메일   editor@chaeksesang.com
광고·제휴 문의   creator@chaeksesang.com
홈페이지   chaeksesang.com
페이스북   /chaeksesang   트위터   @chaeksesang
인스타그램   @chaeksesang   네이버포스트   bkworldpub

ISBN   979-11-5931-889-4 04800
ISBN   979-11-5931-863-4 (세트)

옮긴이에 대하여

진인혜

서울에서 태어나 연세대학교 불어불문학과를 졸업했으며, 같은 대학 대학원에서 석사와 박사 학위를 취득했다. 박사 학위논문을 쓰기 전 1년간 프랑스 파리에 머물면서 자료를 수집하고 각종 세미나에 참석했으며, 파리 4대학에서 D.E.A.를 취득했다. 석사 학위 작품은 플로베르의 《보바리 부인》이었고, D.E.A.와 박사 학위 연구 주제는 《부바르와 페퀴셰》였다. 처음에는 플로베르를 공부하는 것이 다소 지루하게 느껴졌고 작가로서의 진면목이 그다지 눈에 들어오지 않았으나, 마지막 작품 《부바르와 페퀴셰》를 읽으면서 점차 플로베르에게 매료되었다. 왜 그가 프랑스 문학사에서 중요한 위치를 차지하는지를 깨닫게 되었다.

플로베르에게 애정을 가진 사람답게 국내에는 《보바리 부인》의 작가로만 알려진 그의 또 다른 면모를 소개하고 싶었다. 그런 동기로, 국내에서 처음으로 《부바르와 페퀴셰》와 《통상 관념 사전》을 번역했다. 한국 독자들에게 플로베르를 더욱 잘 알리기 위해 방대한 전기 《플로베르—자유와 문학의 수도승》을 번역했고, 《감정교육》을 현대 감각에 맞게 새롭게 번역했다. 이 외 현대 작가들의 《말로센 말로센》, 《종말 전 29일》, 《티아니 이야기》, 《해바라기 소녀》, 《미소》, 《잉카》, 《루소, 장자크를 심판하다—대화》(루소전집 3) 등을 옮겼다.

연세대, 충남대, 배재대에 출강하고, 배재대학교 학술연구교수를 역임했으며 현재는 목원대학교에 재직 중이다. 연세대학교 유럽사회문화연구소의 연구원으로도 활동하며 유럽의 전반적인 문화 현상에 대한 인문학적인 연구를 수행하였고, '문학의 기본 개념' 시리즈 출판에 참여해 《프랑스 리얼리즘》을 썼다. 그 후 프랑스어권 문학으로 시야를 넓혀 프랑스어로 표현된 알제리 문학 연구에 몰두 중이다.

여러 대중 매체의 발달로 문학이 외면당하는 실정이지만, 문학은 유구한 역사를 통해 어떤 방법으로든 살아남았듯이 앞으로도 그러리라 생각한다.

문학의 세계

통상 관념 사전

초판 1쇄 발행   2003년 7월 30일
개정 1판 1쇄 발행   2007년 7월 5일
개정 2판 1쇄 발행   2023년 1월 6일
개정 2판 4쇄 발행   2025년 11월 10일

지은이   귀스타브 플로베르
옮긴이   진인혜
펴낸이   김준성
펴낸곳   책세상
등 록   1975년 5월 21일 제2017-000226호
주 소   서울시 마포구 월드컵로23길 38, 2층 (04011)
전 화   02-704-1251
팩 스   02-719-1258
이메일   editor@chaeksesang.com
광고·제휴 문의   creator@chaeksesang.com
홈페이지   chaeksesang.com
페이스북   /chaeksesang   트위터   @chaeksesang
인스타그램   @chaeksesang   네이버포스트   bkworldpub

ISBN   979-11-5931-889-4 04800
ISBN   979-11-5931-863-4 (세트)